Três ensaios sobre o amor

Contribuições para a
psicologia da vida amorosa

SIGMUND FREUD

Três ensaios sobre o amor
Contribuições para a
psicologia da vida amorosa

TRADUÇÃO
Maria Rita Salzano Moraes

autêntica

Copyright desta edição © 2025 Autêntica Editora

Título original: *Beiträge zur psychologie des liebeslebens*

Todos os direitos reservados pela Autêntica Editora Ltda. Nenhuma parte desta publicação poderá ser reproduzida, seja por meios mecânicos, eletrônicos, seja via cópia xerográfica, sem a autorização prévia da Editora.

EDITORAS RESPONSÁVEIS
Rejane Dias
Cecília Martins

COORDENAÇÃO EDITORIAL
Gilson Iannini
Pedro Heliodoro Tavares

REVISÃO DA TRADUÇÃO
Pedro Heliodoro Tavares

REVISÃO
Aline Sobreira
Deborah Dietrich

CAPA
Diogo Droschi

DIAGRAMAÇÃO
Guilherme Fagundes

**Dados Internacionais de Catalogação na Publicação (CIP)
Câmara Brasileira do Livro, SP, Brasil**

Freud, Sigmund, 1856-1939
  Três ensaios sobre o amor : Contribuições para a psicologia da vida amorosa / Sigmund Freud ; tradução Maria Rita Salzano Moraes ; apresentação Ana Suy, Gilson Iannini. -- 1. ed. -- Belo Horizonte, MG : Autêntica Editora, 2025. -- (Textos Singulares)

  Título original: Beiträge zur psychologie des liebeslebens
  ISBN 978-65-5928-419-1

  1. Amor 2. Psicanálise 3. Sexo (Psicologia) I. Suy, Ana. II. Iannini, Gilson. III. Título. IV. Série.

24-204741   CDD-150.1952

Índices para catálogo sistemático:
1. Psicanálise freudiana 150.1952

Cibele Maria Dias - Bibliotecária - CRB-8/9427

GRUPO **AUTÊNTICA**

Belo Horizonte
Rua Carlos Turner, 420
Silveira . 31140-520
Belo Horizonte . MG
Tel.: (55 31) 3465 4500

São Paulo
Av. Paulista, 2.073 . Conjunto Nacional
Horsa I . Salas 404-406 . Bela Vista
01311-940 . São Paulo . SP
Tel.: (55 11) 3034 4468

www.grupoautentica.com.br
SAC: atendimentoleitor@grupoautentica.com.br

7 **Apresentação**
Ana Suy e Gilson Iannini

27 **Sobre um tipo particular de escolha de objeto nos homens**

41 **Sobre a mais geral degradação da vida amorosa**

57 **O tabu da virgindade**

Apresentação

Ana Suy[1]
Gilson Iannini[2]

Freud publicou os famosos *Três ensaios sobre a teoria sexual* em 1905. O que nem todo mundo se lembra é que poucos anos mais tarde, ele escreveria três artigos sobre a psicologia da vida amorosa. Estes, bem que poderiam muito bem se chamar "Três ensaios sobre o amor". Infelizmente, nosso querido autor escolheu outro título. Na verdade, o que prevaleceu foi um tanto mais tímido: "Contribuições para a psicologia da vida amorosa". Apesar da distância de quase oito anos que separam o primeiro e o último ensaio, escritos entre 1910 e 1917, foi o próprio Freud que os agrupou e publicou conjuntamente em 1918, no quarto volume *Coletânea de pequenos escritos sobre a doutrina da neurose*.[3] Mas será que esses textos, escritos há mais de 100 anos, ainda podem nos interessar hoje?

---

[1] Psicanalista, escritora, professora, psicóloga graduada e pós-graduada pela PUCPR. Doutora em Pesquisa e Clínica em Psicanálise pela UERJ.

[2] Psicanalista, doutor em Filosofia pela USP, professor do Departamento de Psicologia da UFMG, é também editor e escritor.

[3] Na edição de referência alemã, a célebre *Gesammelte Werke*, os três textos foram desagrupados e publicados segundo sua ordenação cronológica, separadamente, nos volumes VIII e XII.

Se deixarmos de lado nossos preconceitos e se nos deixarmos guiar pela generosidade e pelo "ceticismo benevolente" que o leitor de Freud deve sempre sustentar, a leitura dos textos a seguir, não teremos nenhuma dificuldade de dizer acerca dessa trilogia: "uau, que homem à frente do seu tempo!". É óbvio que textos escritos há cerca de 100 anos contêm as marcas de seu período histórico, mas nossa ideia aqui não é levar tudo o que Freud escreveu ao pé da letra, e sim extrair consequências de seu texto para o nosso tempo. Dois conflitos principais se destacam na noção de amor nesses ensaios sobre psicologia amorosa: (1) a dificuldade de articular amor e desejo e (2) o sofrimento que nos é causado pela inevitável ambivalência amorosa, que inclui o ódio não apenas como oposto, mas como parte do próprio amor.

Não precisamos ter lido Freud para saber da clássica separação que nossa cultura faz: há mulheres para namorar e há mulheres para casar – uma forma conhecida de resolver a dificuldade que temos de suportar a sexualidade feminina, em tudo que ela tem de enigmática e desconcertante, principalmente, mas não apenas *para* os homens.

Em nosso psiquismo, separamos as mães e as mulheres: mães seriam seres sublimes, que amam infinita e incondicionalmente, como santas (desprovidas de sentir e de causar ódio) – ideia que é corroborada por nosso coletivo mito religioso e que se reinventa no inconsciente de cada um. Não por acaso, a frase "amor é só de mãe" tatua os corpos de tanta gente. Ninguém expressou melhor esse amor mítico de mãe do que nosso poeta maior, Carlos Drummond de Andrade, ao escrever, em versos de circunstância: "Por que Deus permite / que as mães vão-se embora? / Mãe não tem limite, / é tempo sem hora, / luz que não apaga / quando sopra o vento / e chuva desaba [...]. Mãe, na sua graça, / é eternidade. [...] /

Fosse eu Rei do Mundo, / baixava uma lei: / Mãe não morre nunca, / mãe ficará sempre / junto de seu filho / e ele, velho embora, / será pequenino / feito grão de milho".[4]

De nossa mãe, só nós mesmos podemos falar mal. Falar mal da mãe de alguém costuma ser uma das formas mais pesadas de insulto. Ofensas dirigidas às mães dão notícias do fato trivial, negado no inconsciente infantil de gente de todas as idades: mãe é também mulher. "Filho da puta", por exemplo, um xingamento tão cotidiano em nossa língua, bem demonstra isso: que a mãe não seja toda mãe, mas seja também mulher, nos é traumático. A neurose de cada um lida com a mãe e com a mulher tal como água e óleo: não podem se misturar. Por isso a clássica divisão entre a "santa" e a "puta" é consequência também do horror que temos à união de amor e desejo sexual em um mesmo objeto.

Quando Freud escreveu esses ensaios se debruçando sobre a dificuldade dos homens de fazer convergir amor e desejo, tínhamos, supostamente, uma separação muito clara do que era uma mulher e do que era um homem. Vale lembrar que o destino reservado às mulheres costumava ser o da maternidade e dos cuidados com a família e com o lar, enquanto o dos homens se expandia para além de casa, indo ao trabalho e à vida pública.

Era frequente e desejável que os homens não só tivessem o início de sua vida sexual em prostíbulos, como também ao longo de toda a sua vida reservassem o ato sexual com suas esposas com o objetivo principal de terem filhos ou de se reduzirem a mero objeto do gozo masculino. O bordão "deita, que hoje vou lhe usar!" usado pelo personagem Coronel

---

[4] Andrade, C. D. *Lição de coisas* [recurso eletrônico]. 3. ed. Rio de Janeiro: José Olympio, 2023. p. 51-53.

Jesuíno (José Wilker) para manifestar seu objetivo com a esposa Sinhazinha (Maitê Proença) sintetiza essa posição de degradação da mulher.[5]

Do lado das mulheres, é claro que havia muito sofrimento – e as pacientes histéricas que Freud ouviu para inventar a psicanálise nos dão verdadeiras aulas sobre isso. Quais mecanismos psíquicos operam nessa divisão entre a mulher e a mãe, que segue entranhada em nosso psiquismo até os dias de hoje?

Sigmund Freud, ao invés de oferecer soluções e ideologias de como viver, se aprofundava naquilo que era considerado natural, questionando até o limite cada pergunta. Nos dias de hoje, lendo Freud com o espírito questionador que a psicanálise deixa como efeitos para quem se atreve a deitar-se no divã, entendemos que a lógica da vida amorosa masculina tratada por Freud diz menos de como os homens amavam e mais da problemática da vida humana como um todo. Os desafios de fazer convergirem amor e desejo sexual ou de equalizar amor e ódio continuam atuais, por maiores que tenham sido as conquistas culturais recentes. A experiência clínica e também a vida, de maneira geral, nos demonstram que, a ampliação das experiências das mulheres, que hoje estão na vida pública (quase) tanto quanto os homens, não tornou as coisas mais fáceis, ainda que possamos considerar que os problemas novos sejam mais bem-vindos do que os de outros tempos.

Cada vez fica mais claro que a divisão entre mãe e mulher, entre santa e puta, não é algo que habita apenas o imaginário dos homens, mas também o das mulheres. Para além disso, se as fronteiras entre homens e mulheres estão borradas pelas

---

[5] Remake da novela *Gabriela*, inspirada no romance de Jorge Amado e dirigida por Walcyr Carrasco.

experiências queer, trans etc., as barreiras entre mulheres e mães também estão menos nítidas que outrora. A coisa vai mais longe: não são apenas as pessoas cis que experimentam divisões desse tipo. Algum tipo de divisão entre afeto e sexo atravessa o alfabeto inteiro das nomeações. Mas é preciso insistir: isso não torna as coisas mais fáceis do ponto de vista do sofrimento subjetivo. Na prática, a divisão que caracterizava os homens freudianos deixou de ser um privilégio masculino. O psiquismo tem dessas astúcias: conquistas sociais, por mais importantes e legítimas que sejam, acabam cobrando preço onde menos se espera. Não só continuamos vendo e ouvindo homens cisgênero que dividem sua vida sexual entre mulheres para amar e mulheres para transar, mas agora também muitas mulheres experienciam e sofrem dessa divisão em suas parcerias amorosas e sexuais. A bem da verdade, tal divisão não parece obedecer à lógica binária do gênero. Ao contrário, parece que, na contemporaneidade, ela se distribui nas mais variadas formas de orientação sexual e nas mais diversas identificações de gênero.

Freud trabalha para ir além. Embora a experiência amorosa tenha sempre um componente sexual, ainda que inibida em sua meta, em alguma medida, nossos amores atuais repetem amores infantis, queiramos ou não. Por isso vemos na teoria do terceiro excluído esse enrosco neurótico, que fica dando replay na cena edípica em que rivaliza com um dos genitores para ter o amor do outro. Os arranjos e permutações podem ser muitos e variados, mas o trágico insiste: quanto mais fugimos do destino, mais tropeçamos nele. É o famoso "cuspir para cima e cair na cara", que frequentemente se revela.

É interessante perceber, no entanto, que a mulher que Freud afirmará que será desejada pelos homens, será aquela que escapa à imagem materna. Isso nos leva a pensar que já está em Freud um certo convite a uma novidade em um amor que vá para além do Édipo. Será Lacan que falará de um "novo amor", mas encontramos esse germe em Freud quando ele aponta o quanto um homem poderá se interessar por uma mulher diferente da mãe.

Foi também Lacan, nos anos 1970, quem disse que "a mulher não existe", o que certamente aparece nesses textos de alguma forma, uma vez que o que encontramos como substituta da "mulher" é sempre a santa ou a puta. Encontrar uma nova maneira de amar, tarefa para os seres humanos do nosso século, certamente tem a ver com encontrar maneiras de fazer o encontro entre os sexos achar um jeito de "fazer suplência" ao que não existe. Em outras palavras, para sairmos do lacanês, é de nossa responsabilidade inventar modos de nos relacionarmos com o outro, ainda que isso seja impossível de maneira completa ou definitivamente bem-sucedida.

Vale dizer que na presente tradução não encontramos sem questionar a palavra "puta", passando por "mulher livre" e "mulher fácil". É muito interessante nos desdobrar em diferentes formas de dizer algo que escapa, mas vale destacar que a prostituta é, acima de tudo, uma trabalhadora remunerada. De alguma maneira ela está na lógica masculina dos tempos freudianos. Já a "mulher fácil" é um termo que aparece como um deleite em nosso tempo, porque a facilidade é certamente o oposto da neurose, essa grande complicadora de vidas.

Entre Roma e Viena

A Itália sempre exerceu forte atração em Freud. É pouco dizer isso. Talvez até possamos dizer que a Itália forneceria a Freud uma espécie de moldura para suas fantasias e inquietações. Os episódios são muitos: esquecimentos, desejos, descobertas, desamparo, arrebatamento. Quem poderia se esquecer da cena, narrada em *O infamiliar*, em que o viajante se perde, e se perde de novo e de novo, justamente em um labirinto em que mulheres maquiadas roubavam-lhe o olhar e os olhos?

> Segundo minhas observações, sob certas condições e combinações em determinadas circunstâncias, um sentimento dessa ordem é, sem dúvida, evocado, o que, além disso, lembra as situações de desamparo em muitos sonhos. Como certa vez, em uma quente tarde de verão, quando eu caminhava a esmo pelas ruas desconhecidas e vazias de uma pequena cidade italiana, e acabei numa região cujas características não me deixaram por muito tempo em dúvida. À minha vista, havia apenas mulheres maquiadas nas janelas das pequenas casas, e me apressei para abandonar a estreita rua na primeira esquina. Mas, depois de um tempo em que vaguei sem direção, encontrei-me, subitamente, de novo na mesma rua, onde, então, levantei os olhos e chamou-me a atenção que meu apressado afastamento teve como consequência ter tomado, pela terceira vez, um novo desvio. Contudo, então, experimentei um sentimento que eu poderia apenas caracterizar como sendo da ordem do *infamiliar*.[6]

Numa reunião da Sociedade Psicanalítica de Viena, ocorrida em novembro de 1906, ao comentar uma apresentação do psicanalista Isidor Sadger, Freud já havia exposto seu intuito de escrever sobre "a vida amorosa". Um ano depois, instalado no Hotel Milano, em Roma, cidade

---

[6] Freud, S. *O infamiliar*. Belo Horizonte: Autêntica, 2019, p. 75.

que Freud achava incomparável para a escrita, anuncia um plano mais ambicioso. Desde que "dominasse sua própria libido", escreveria a "A história sexual da humanidade" (carta a Jung, de 19 de setembro de 1907). Ao que tudo indica, esse projeto foi abandonado.

Já o projeto de escrever sobre a "vida amorosa" só começa a se materializar quando redige em 1910 o primeiro artigo da série: "Sobre um tipo particular de escolha de objetos nos homens", em que anuncia logo de saída o projeto de "uma elaboração rigorosamente científica também da vida amorosa dos seres humanos". Em que medida esse projeto conseguiu ser realizado não é uma questão fácil de responder, pois encontramos um conjunto de textos com caráter desigual e claramente incompleto.

Também não é fácil perceber um fio condutor que pudesse atravessar ensaios temática e estilisticamente tão diversos. Paul-Laurent Assoun propõe que a questão da "subordinação da escolha de objeto à fantasia" poderia costurá-los.[7] No hiato que separa os dois primeiros e o último ensaio, Freud introduziu importantes inovações teóricas, principalmente no que concerne ao conceito de narcisismo, que teve repercussões maiores para a doutrina pulsional e para a teoria das escolhas de objeto. Durante esse hiato, Freud não deixou de escrever sobre o amor, principalmente em *Para introduzir o narcisismo* (1914), em que distingue entre o amor anaclítico e o amor narcísico, e em *Observações sobre o amor transferencial* (1915[1914]), em que trata dos impasses da transferência, essa forma de amor que impulsiona o tratamento analítico.

---

[7] Assoun, P. L. *Dictionnaire des œuvres psychanalytiques*. Paris: PUF, 2009, p. 339.

Freud costumava anotar suas ideias no suporte que estivesse disponível à mão. Na coleção de arquivos manuscritos da *Sigmund Freud Collection*, constam bilhetes, papéis pequenos, fragmentos de folhas rasgadas e depois coladas com fitas adesivas e as costumeiras folhas grandes nas quais fazia seu corta e cola. As anotações menores, frequentemente, têm a forma de um aforismo. No presente texto, isso é especialmente nítido. Quando a pesquisadora Ilse Grubrich-Simitis buscou traçar a gênese desses escritos a partir das anotações manuscritas de Freud, destacou alguns importantes exemplos dessas anotações impactantes: "o enigma do amor é o despertar do elemento infantil"; "a busca enigmática do primeiro amor é como a busca pelo parentesco de sangue, especialmente aquele entre mãe e filho"; "estar apaixonado é a psicose normal"; "passagem da mania de grandeza para a supervalorização sexual do homem. Fracasso do mesmo com a mulher"; "vaidade genital análoga ao narcisismo do pênis"; "estima recíproca dos sexos em diferentes períodos da vida"; "coqueteria como prolongamento do prazer preliminar"; "falta ainda a maior parte, mas não se pode sistematizar, deve-se procurá-la numa boa oportunidade".[8] Frases que poderiam muito bem alimentar redes sociais um século mais tarde!

Sobre um tipo particular de escolha de objeto nos homens

Os argumentos principais desse pequeno trabalho foram apresentados em 19 de maio de 1909 perante a Sociedade Psicanalítica de Viena e discutidos na sessão da semana

---

[8] Grubrich-Simitis, I. *De volta aos textos de Freud*. Tradução de Inês Lohbauer. Rio de Janeiro: Imago, 1995, p. 153.

seguinte. Contudo, o artigo só foi efetivamente redigido um ano depois. Em carta a Jung, então editor do *Jahrbuch*, datada de 2 de janeiro de 1910, Freud promete submeter em breve seu "minúsculo ensaio". Trata-se, diga-se de passagem, de uma carta importante também por outro motivo: é a primeira vez que Freud formula a ideia de que o verdadeiro fundamento da necessidade religiosa seria o *desamparo infantil*, ideia que será desdobrada muitos anos mais tarde, em textos como "O futuro de uma ilusão". Poucos dias depois, em 13 de janeiro, Freud promete retomar o pequeno estudo sobre a vida amorosa, acrescentando tratar-se de "material clínico". Em 26 de maio, no entanto, confessa não ter passado da primeira frase.

Na primeira versão manuscrita do texto, o título evocava um tipo "frequente" (*häufig*), substituído na versão final por um tipo "particular" (ou ainda "especial") (*besonderen*), indicando que o autor se preocupava menos com a prevalência estatística do que com a tipicidade. No presente ensaio, a compreensão do método tipológico é essencial para que o leitor possa captar as nuances de algumas afirmações claramente dependentes do contexto histórico no qual o texto foi escrito. Para saber sobre a importante noção de "tipo" e o método tipológico que lhe corresponde, recomendamos ver a nota do editor ao artigo "Sobre tipos libidinais".[9]

Vale ressaltar ainda que encontramos aqui pela primeira vez a expressão conceitual "complexo de Édipo" na obra publicada, ainda que menções ao "Édipo" remontem à correspondência com Fließ. Laplanche e Pontalis notam que a forma como a expressão é apresentada indica que ela

---

[9] Ver Freud, S. Sobre tipos libidinais. *In: Amor, sexualidade, feminilidade*. Belo Horizonte: Autêntica, 2018, p. 277.

não era uma novidade para a comunidade psicanalítica.[10] Até então, nos textos publicados previamente, destacam-se duas ocorrências de sementes dessas ideias, que aparecem em dois casos clínicos publicados em 1909, ou seja, apenas um ano antes da presente publicação.

Neles, Freud chega a comparar o Pequeno Hans a um "Pequeno Édipo", que teria encontrado uma solução mais feliz do que a prescrita pelo destino ao Rei Édipo. No mesmo ano, em sua análise de "O homem dos ratos", embora também não utilize a expressão "complexo de Édipo", apresenta uma descrição bastante semelhante do "complexo nuclear das neuroses", ao identificar o pai como agente efetivo da oposição à atividade autoerótica da criança. As cartas estavam na mesa.

Talvez a parte mais polêmica do texto seja relativa à divisão do amor masculino entre a "santa" e a "puta". A tradução por "libertina" ou "vadia" ou "mulher livre" não resolve a complexidade da questão. Mas não custa nos debruçarmos rapidamente sobre o léxico mobilizado por Freud. Com efeito, "*Dirne*" significa, em geral, "prostituta", mas não necessariamente aquela que cobra por seus serviços, podendo significar uma gama enorme de sentidos, desde "mulher de vida fácil" até "mulher fácil", etc. Trata-se de uma palavra com uma longa história e que estabelece relações significativas com *Hure* e *Nutte* (putas), mas também como "cortesã", "hetaira", "cocote". A figura da *Dirne* na literatura, nas artes plásticas e nas canções de cabaré, em especial, era bastante divulgada e conhecida. A prostituta, apesar de carregar os significados depreciativos do termo, no naturalismo, no novo romantismo, no expressionismo e no dadaísmo, por exemplo,

---

[10] Laplanche, J.; Pontalis, J.-B. *Vocabulário de psicanálise*. Tradução de Pedro Tamen. São Paulo: Martins Fontes, 1998, p. 77.

vai aparecer como uma espécie de símbolo da modernidade, figura indispensável na "grande cidade" moderna, da qual a Paris do Barão Haussmann foi o modelo.

Mas, ao contrário da "cocote" e da "cortesã", que transitam pelos salões das casas de tolerância ou que eram, preferencialmente, atrizes, a prostituta está na rua, fora de casa, iluminada nas esquinas pelos lampiões a gás, constituindo-se, assim, como uma imagem exemplar das transformações sociais, econômicas e políticas da segunda metade do século XIX. Se, por um lado, a prostituta está associada ao sexo pago, e na literatura naturalista aos mendigos e marginais; por outro lado, ela é portadora de uma série de insígnias de possibilidades mais modernas de ser uma mulher, em seu anseio por liberdade, por sair às ruas, por separar-se do peso que a condena estritamente ao casamento e à maternidade. O texto de Freud faz referência a essa gama de significações: tanto o *Dirnenliebe* (amor à prostituta, amor à mulher fácil) quanto a *Dirnehaftigkeit* (semelhante à prostituta; leviandade, facilidade; vadiagem) se referem a esses anseios, embora, ao contrário da mulher burguesa casada e mãe, a *Dirne* tenha a sexualidade "suja".

Assim, se o amor pelas prostitutas se refere à possibilidade que os homens têm de gozar fora do casamento e experimentar prazeres proibidos no casamento, por outro lado, quando Freud diz que em toda mulher há algo de "prostituta", isso quer dizer que a sexualidade feminina clama sempre por se ver livre das injunções sociais, que limitavam o prazer da mulher e até mesmo o condenavam. Alguns casos relatados por Freud, tais como Dora ou a jovem homossexual, e a literatura da época vitoriana deixam claro que as mulheres que demonstravam alguma liberdade sexual eram consideradas atraentes, mas que deveriam dissimular suas atitudes, fazer segredo do lugar nelas onde alguma liberdade acordava e, assim, também sustentar a hipocrisia social.

Sobre a mais geral degradação da vida amorosa

Se o ensaio anterior se dedicava a um tipo especial, um tipo particular de escolha objetal, o presente artigo se interessa por uma característica geral da vida amorosa do homem. Paul-Laurent Assoun destaca essa passagem do *particular* ao *geral* como marca de um movimento de generalização entre o primeiro e o segundo ensaios dessa série.[11] Salta aos olhos como Freud aborda um tema que normalmente suscita o louvor e o engrandecimento, a partir de sua degradação, de seu rebaixamento. A estratégia argumentativa também é digna de destaque: Freud parte de um fenômeno patológico, a impotência psíquica, passa ao estudo de sua condição, a degradação do objeto sexual, generalizando-a, e conclui inserindo o fenômeno no âmbito da cultura. Mostra, assim, mais uma vez, como os limites entre a psicologia individual e a psicologia social são tênues. Trata-se de uma das contribuições mais importantes de Freud sobre a masculinidade, especialmente pela separação das correntes terna e sensual que afetariam sobremaneira indivíduos do sexo masculino.

Não se pode negar também como, a essa altura, a teoria pulsional se mostra cada vez mais sofisticada. Freud chega a levantar a hipótese de que haveria uma impossibilidade de satisfação plena da pulsão que lhe seria inerente, e não apenas constrangida por restrições da realidade ou limitada por interditos socioculturais. A partir dessa leitura, não

---

[11] Assoun, *op. cit.*, p. 950.

podemos mais nos deixar levar a simplificações do problema da pulsão com a fantasia de que poderíamos satisfazê-la integralmente retirando proibições e interdições.

A famosa frase de Napoleão documentada por Goethe em 1808 – "A política é o destino" – é aqui transformada em "a anatomia é o destino". Freud voltaria a parodiar a frase napoleônica em "O declínio do complexo de Édipo" (1924). Mas o sentido parece ser diferente nas duas ocorrências. No presente caso, a referência imediatamente anterior, que provavelmente esclarece o sentido do trecho, parece ser o fato, neutro em termos de gênero, de que nascemos *"inter urinas et faeces"*, ao passo que, em 1924, está em jogo precisamente a diferença anatômica entre os sexos.

É muito fácil jogar fora um aforismo tão aparentemente desmentido como esse, afinal de contas, as sexualidades dissidentes do sistema sexo-gênero estão aí justamente para nos mostrar que a anatomia *não é* o destino. Ninguém está condenado a ser aquilo que seu sexo anatômico designa. Contudo, não custa lembrar o caráter paródico do aforismo freudiano. Um pouquinho de contexto pode nos auxiliar aqui.

O poeta alemão Johann Wolfgang von Goethe documentou, em 1808, seu encontro com o imperador francês Napoleão. Este explica ao poeta que a política ocupa para o homem moderno o lugar que a tragédia ocupava para o homem antigo. Nesse sentido, a icônica frase de Napoleão segundo a qual "a política é o destino" já seria uma metamorfose da versão grega original "o trágico é o destino". A versão de Freud – "a anatomia é o destino" – não deixa de dizer que, para o homem moderno, a sexualidade é o destino, sem que isso signifique que a relação entre anatomia e sexualidade se deixe reduzir ao campo da biologia. No entanto, não há como esquecer que, para a psicanálise, nenhuma substituição metafórica realmente logra eliminar aquilo que foi substituído, nenhuma série metonímica deixa de produzir um excedente. Não é difícil perceber como o trágico retorna no político, assim como o político retorna no sexual. Temos, portanto, uma série metonímica: o trágico, o político e o anatômico. Além disso, temos a complexidade do tema do "destino".

Afinal, o que é um "destino"? Tomemos o caso de Édipo. Ao fim da tragédia *Édipo Rei*, o herói grego entra no palácio cego e ensanguentado, então o coro pergunta: "Que loucura (*mania*) caiu sobre ti [...] que *daimon* perfez seu destino?".[12] A resposta de Édipo mostra toda a tensão e a ambiguidade inerentes à consciência trágica: "Apolo é o autor de meus sofrimentos atrozes, mas ninguém senão eu mesmo, infeliz me golpeou com sua própria mão".[13] Entre o destino e o ato, há, desde os gregos, agência subjetiva. Quando Freud fala de "destino" não podemos confundir com uma noção fatalista de algo cuja necessidade se impõe sem que o sujeito tenha qualquer participação ou agência. O próprio Freud afirma com todas as letras que a psicanálise *sempre* considerou "o destino como sendo em grande parte preparado por elas mesmas [as pessoas] e determinado por influências infantis precoces".[14] Se a anatomia é o destino, é porque ela é, antes de tudo, trágica, grega, dramática. Destino, no sentido freudiano, não está escrito nas estrelas; ele se escreve, ou melhor, isso se escreve. Daí precisamente o retorno do

---

[12] Vernant, J.-P. Esboços da vontade na tragédia grega. *In:* Vernant, J.-P., Vidal-Naquet, P. *Mito e tragédia na Grécia clássica*. São Paulo: Brasiliense, 1988. p. 41-76.

[13] Vernant, *op. cit.*, p. 71.

[14] Freud, S. *Além do princípio de prazer*. Belo Horizonte: Autêntica, 2020, p. 95.

aspecto político e, no limite, trágico, do sexual. Vale dizer que mesmo quando utilizamos aplicativos de mapas e de trânsito precisamos escrever nosso "destino"! Mesmo que sempre possamos "alterar a rota" no meio do caminho, um destino sempre se atualiza.

O tabu da virgindade

A terceira contribuição para a série sobre a psicologia da vida amorosa foi escrita durante a Primeira Guerra. Não são certos os motivos pelos quais Freud interpôs um tempo tão prolongado entre os dois primeiros ensaios e este último, mas faz sentido pensar que a irrupção da guerra pode ter contribuído para isso.

Em 12 de setembro de 1917, Freud apresentou essa comunicação junto à Sociedade Psicanalítica de Viena. Um pouco antes, na mesma carta em que mostra desconfiança em relação às narrativas dos dois lados envolvidos na guerra, afirma que estava preparando esse terceiro artigo (carta a Ferenczi, de 1º de janeiro de 1917). O texto ainda estava inacabado em 24 de setembro, conforme demonstra outra carta a Ferenczi. Nessa mesma carta, Freud refere-se ao texto com o seguinte título: "Tabu da virgindade e submissão sexual". A segunda parte do título não foi mantida na versão publicada, por sugestão de Ferenczi.

Diga-se de passagem, que, nas duas cartas mencionadas, Freud refere-se à leitura de Lamarck, contemporânea à escrita desse escrito.

O ensaio propõe uma abordagem genealógica do tabu da virgindade nos povos primitivos e de suas repercussões na vida psíquica do homem civilizado. Nesse sentido, Jones tem razão ao caracterizar o texto como um "ensaio antropológico". Mas quem poderia duvidar da riqueza clínica e metapsicológica do ensaio? Não por acaso, trata-se de contribuição maior para a compreensão do complexo de castração e de temas polêmicos, como a inveja do pênis. De certo modo, o texto poderia ainda ser incluído entre as contribuições sobre a feminilidade, por conter afirmações bastante contundentes, como a de que "a mulher inteira constitui tabu". O que também nos lembra como as fronteiras entre metapsicologia, clínica e textos culturais são demasiado tênues.

Além disso, trata-se de um texto com estrutura argumentativa bastante esclarecedora e elucidativa. Afinal, 1) começa por uma descrição de um problema de interesse amplo; 2) aprofunda-se na abordagem a partir da leitura de autores contemporâneos, de áreas conexas, no caso a etnologia; 3) identifica um impasse que a bibliografia existente não consegue elucidar; 4) inverte, a partir desse ponto obscuro, a perspectiva inicial; e então 5) conclui com uma contribuição original. O que se entende é que o "problema" da virgindade feminina, na verdade, toca na angústia masculina, em seus diversos matizes.

Daí podemos depreender que o tema da ambivalência presente entre amor e ódio perpassa todo esse ensaio. Freud chega a escrever que a prática de tabu testemunha "a existência de uma força que se opõe ao amor, na medida em que ela rejeita a mulher como estranha e hostil".[15] Dessa lógica, podemos extrair que o amor é a defloração não do hímen, mas da neurose que separa os sexos, como se já não bastasse o impossível da relação sexual! As diferentes estratégias e rituais que Freud perpassa para o rompimento do hímen parecem tentativas de proteger os amantes do ódio que pode advir – não da defloração, mas talvez do amor, podemos pensar!

---

[15] Cf. neste volume, "O tabu da virgindade", p. 66. (N.T.)

Vale ressaltar ainda que o valor do amor aparece de uma maneira especialmente sensível quando Freud traz a importância do segredo para as mulheres amarem, pois lá é que elas se sentem seguras de seu legítimo desejo, livres de influências da família e da sociedade. Assim, não necessariamente precisamos entender que o amor está dentro de casa e o sexo fora, ou que tudo na vida sexual de um casal dos tempos vitorianos pudesse ser reduzido à hipocrisia. Trata-se de aceitarmos o convite que a psicanálise enquanto experiência nos faz e tratar cada caso como sendo único e não-todo.

Ler essa trilogia freudiana sobre o amor é, certamente, nos encontrarmos com uma convocação a uma desidealização amorosa. Nem era "antigamente" que o amor existia e nem hoje nos deparamos com "facilitações" para vivê-lo, apesar dos avanços nas conquistas das mulheres no mundo e da diversidade sexual que, em parte, nossa cultura já suporta (ainda que haja tanto caminho pela frente).

Para a psicanálise, e isso já está em Freud, o amor é, certamente, uma novidade não tão original, mas ainda assim passível de promover ainda mais novidades e desvios ao horror. Aliás, assim é o amor e assim é a própria psicanálise. Vale lembrarmos, todavia, que, tal como não há amor sem ódio, também não há psicanálise sem resistência. O caráter conservador da pulsão não cessa de nos levar a dar passos para trás, mesmo quando pensamos estarmos indo para a frente. A diferença entre trás e frente não é tão evidente assim, tal como inícios e fins nos são enigmas (como são parecidos os nasceres e pores do sol!). Se pensamos que a resistência à psicanálise está fora do nosso campo, se acreditamos que o ódio está naqueles que estão declaradamente distantes do que convencionalmente chamamos de amor, nos colocamos em um campo minado sem o mínimo de cautela. É em cada um de nós que mora o que há de mais terrível da humanidade. É no "amor à psicanálise" que mora o perigo maior... mas também é onde residem as apostas possíveis.

Por isso, caras leitoras e caros leitores, aqui fica o nosso convite para que possamos deixar a ideia de amor que tínhamos cair, mas à condição de que tenhamos forças para colocar outras formas de viver o amor no lugar – ainda que para cair depois também. Cada coisa a seu tempo. Que possamos nos apropriar de amores possíveis no nosso.

Referências

Andrade, C. D. *Lição de coisas* [recurso eletrônico]. 3. ed. Rio de Janeiro: José Olympio, 2023.

Assoun, P. L. *Dictionnaire des œuvres psychanalytiques*. Paris: PUF, 2009.

Freud, S.; Hoffmann, E. T. A. [1856-1939]. *O infamiliar e outros escritos: seguido de* O homem da areia. Tradução de Ernani Chaves, Pedro Heliodoro Tavares, Romero Freitas. Belo Horizonte: Autêntica, 2019. (Obras Incompletas de Sigmund Freud).

Freud, S. [1856-1939]. *Além do princípio de prazer*. Tradução e notas de Maria Rita Salzano Moraes. Revisão de tradução de Pedro Heliodoro Tavares. Belo Horizonte: Autêntica, 2020. (Obras Incompletas de Sigmund Freud).

Grubrich-Simitis, I. *De volta aos textos de Freud*. Tradução de Inês Lohbauer. Rio de Janeiro: Imago, 1995.

Laplanche, J.; Pontalis, J.-B. *Vocabulário de psicanálise*. Tradução de Pedro Tamen. São Paulo: Martins Fontes, 1998.

Vernant, J.-P. Esboços da vontade na tragédia grega. *In:* Vernant, J.-P., Vidal-Naquet, P. *Mito e tragédia na Grécia clássica*. São Paulo: Brasiliense, 1988.

BEITRÄGE ZUR PSYCHOLOGIE DES LIEBESLEBENS (1910-1918)

I – Über einen besonderen Typus der Objektwahl beim Manne (1910)

1910 *Jahrbuch der psychoanalytischen und psychopathologische Forschung*, v. 2, n. 2, p. 389-397
1918 *Sammlung kleiner Schriften zur Neurosenlehre*, 4, p. 200-212
1924 *Gesammelte Schriften*, t. V, p. 186-197
1943 *Gesammelte Werke*, t. VIII, p. 65-77

Sobre um tipo particular de escolha de objeto nos homens

(Contribuições para a psicologia da vida amorosa — I)

Até agora deixamos que os poetas [*Dichtern*][1] ilustrassem para nós as "condições amorosas" a partir das quais os homens encontram sua escolha de objeto e como conciliam as exigências de sua fantasia com a realidade. Os poetas também possuem certas qualidades que os habilitam a resolver uma tarefa como essa, sobretudo a sensibilidade para perceber moções psíquicas ocultas em outras pessoas e a coragem de deixar seu próprio inconsciente falar em voz alta.[2] Entretanto, o valor do conhecimento de suas comunicações é diminuído por uma circunstância. Os poetas estão ligados à condição de obter prazer intelectual e estético, bem como à de atingir determinados efeitos emocionais, e por isso não podem figurar o material da realidade a não ser de maneira alterada, ou seja, precisam isolar fragmentos,

---

[1] A palavra *Dichter* está diretamente relacionada a *Dichtung*, "poesia", ou *Gedicht*, "poema", ainda que tenha um sentido mais amplo que aquele dado hoje em português aos poetas. Se em português tendemos a denotar escritor de estilo lírico, no alemão *Dichter* serve para referir os grandes artistas da escrita por suas qualidades literárias também na prosa. (N.R.)

[2] Ver "O poeta e o fantasiar", publicado na coleção Obras Incompletas de Sigmund Freud no volume *Arte, literatura e os artistas*. (N.E.)

dissolver associações perturbadoras, amenizar o conjunto e substituir o que falta. Esses são os privilégios da assim chamada "licença poética". Eles também só podem demonstrar pouco interesse pela origem e pelo desenvolvimento dos estados psíquicos que descrevem como acabados. Com isso, é inevitável que a Ciência, com mãos mais grosseiras e muito pouco ganho de prazer, ocupe-se das mesmas matérias com que a elaboração literária tem deleitado os humanos há milênios. Esperamos que estas observações sirvam para justificar uma elaboração rigorosamente científica também da vida amorosa dos seres humanos. Pois a Ciência é, afinal, a mais perfeita renúncia ao princípio de prazer que é possível ao nosso trabalho psíquico.

Durante o tratamento psicanalítico, temos abundantes oportunidades de recolher impressões da vida amorosa dos neuróticos e nos lembramos de que observamos ou ouvimos falar de conduta semelhante também na média das pessoas sadias ou mesmo em seres humanos excepcionais. Através da acumulação das impressões, em consequência da vantagem casual do material, alguns tipos são mais claramente colocados em relevo. Quero primeiro descrever um tipo como esse de escolha de objeto masculina, porque ele se caracteriza por uma série de "condições amorosas", cuja combinação não é compreensível, na verdade, até causa estranheza, e porque permite um simples esclarecimento psicanalítico.

1) A primeira dessas condições amorosas deve ser caracterizada como francamente específica; assim que a encontramos, podemos procurar a presença de outras características desse tipo. Podemos chamá-la de condição do "terceiro prejudicado"; seu conteúdo indica que a pessoa em questão jamais escolhe como objeto amoroso uma

mulher que ainda esteja livre, isto é, uma moça ou uma senhora que se encontre sozinha, mas apenas uma mulher sobre a qual outro homem possa reivindicar direitos de propriedade[3] em sua condição de marido, prometido ou amigo. Em alguns casos, essa condição se mostra tão implacável que a mesma mulher pode primeiro ser ignorada ou mesmo desprezada, enquanto não pertencer a ninguém, ao passo que se torna imediatamente objeto de arrebatamento, assim que entra em uma das mencionadas relações com outro homem.

2) A segunda condição é talvez menos constante, embora não menos chamativa. O tipo só se completa em sua conjunção com a primeira, enquanto a primeira parece apresentar-se também por si só com grande frequência. Essa segunda condição coloca que a mulher casta e acima de qualquer suspeita nunca exerce o atrativo que pode elevá-la a objeto amoroso, só aquela mulher que tem, de certa maneira, má reputação sexual, cuja fidelidade e confiabilidade possam ser colocadas em dúvida. Esta última característica pode variar dentro de uma série significativa, desde a leve sombra sobre a fama de uma esposa casada não avessa ao flerte até a conduta de vida abertamente polígama de uma cocota ou cortesã; mas o homem que pertence a esse tipo não renunciará a algo dessa espécie. Podemos chamar essa condição, um pouco grosseiramente, de "amor por mulheres libertinas" [*Dirnenliebe*].

---

[3] Em consonância com Código Civil de 1811 (*Allgemeines Bürgerliches Gesetzbuch*), que estabelecia o marido como representante legal da esposa e dos filhos. O referido código foi uma das mais longevas legislações, tendo durado por praticamente dois séculos, com diversas emendas e revisões. (N.E.)

Assim como a primeira condição dá motivo para satisfazer moções de rivalidade e hostilidade contra o homem de quem a mulher amada é arrebatada, a segunda condição, a da libertinagem [*Dirnenhaftigkeit*][4] da mulher, relaciona-se com a atuação do *ciúme*, que, para amantes desse tipo, parece ser uma necessidade. Só quando estes conseguem ser ciumentos é que a paixão atinge seu apogeu e a mulher adquire seu pleno valor, e eles nunca deixam de se apoderar de uma oportunidade como essa, que lhes permite vivenciar essas sensações tão intensas. Curiosamente, não é contra o possuidor legítimo da amada que esse ciúme se volta, mas contra estranhos recém-chegados, com os quais a amada possa ser colocada em suspeita. Em casos extremos, o amante não mostra nenhum desejo de possuir a mulher só para si, e parece sentir-se à vontade na relação triangular. Um de meus pacientes, que havia sofrido terrivelmente com as escapadas de sua dama, não tinha nada contra o seu casamento e, ao contrário, apoiou-o com todos os meios; do marido, ele nunca mostrou, durante anos, o menor vestígio de ciúme. Aliás, um outro caso típico havia tido, em suas primeiras relações amorosas, muito ciúme do marido e obrigou a dama a suspender a relação marital; mas em seus numerosos casos posteriores, comportou-se como os outros e já não mais considerava o marido como um estorvo.

Os pontos seguintes já não mais descrevem as condições exigidas do objeto amoroso, mas a conduta do amante em relação ao objeto de sua escolha.

---

[4] A relação entre *Dirne* e *Dirnenhaftigkeit* é constitutiva da construção argumentativa do texto. Por essa razão, escolhemos o par "libertina" e "libertinagem". Ver nota editorial anterior. (N.E.)

3) Na vida amorosa normal, o valor da mulher é determinado por sua integridade sexual, e a aproximação à característica da libertinagem [*Dirnenhaftigkeit*] o rebaixa. Por isso, parece ser um notável desvio do normal o fato de as mulheres que trazem essa característica serem tratadas pelos amantes do tipo em questão como *objetos amorosos de supremo valor*. As relações amorosas com essas mulheres são praticadas com o mais alto dispêndio psíquico, até o esgotamento de quaisquer outros interesses; elas são as únicas pessoas que se pode amar, e a autoexigência de fidelidade é, a cada vez, novamente intensificada, não importa quantas vezes ela possa ser transgredida na realidade. Nesses traços das descritas relações amorosas manifesta-se, com extrema nitidez, o caráter *compulsivo* [*zwanghafte*], que, até certo ponto, é próprio de qualquer caso de enamoramento. Mas não podemos derivar da fidelidade e da intensidade dessa ligação a expectativa de que uma única relação amorosa como essa completaria a vida amorosa da pessoa em questão, ou de que ocorra apenas uma vez na vida. Paixões dessa espécie repetem-se muito mais com as mesmas peculiaridades – cada qual uma cópia exata da outra – muitas vezes na vida de quem pertence a esse tipo; e os objetos de amor, devido a ocorrências externas, como mudança de residência e de ambiente, podem substituir-se uns aos outros tão frequentemente que se chega à *formação de uma extensa série*.

4) O mais surpreendente para o observador é a tendência, exteriorizada nos amantes desse tipo, de "salvar" a amada. O homem está convencido de que ela precisa dele, de que sem ele perderá todo o apoio moral e rapidamente sucumbirá a um nível lamentável. Ele a salva, portanto, não a abandonando. A intenção de salvamento pode justificar-se, em alguns casos, por alusão à inconstância sexual e à posição

social ameaçada da amada; mas ela não se distingue com menos nitidez quando faltam esses apoios da realidade. Um dos homens pertencentes ao tipo descrito, que sabia como ganhar as suas damas por meio de hábil sedução e dialética engenhosa, não media esforços na relação amorosa, para manter a amada daquele momento no caminho da "virtude", com tratados que ele mesmo redigira.

Se examinarmos cada um dos traços do quadro aqui ilustrado – as condições de que a amada não possa estar desimpedida e de sua libertinagem, seu alto valor, a necessidade do ciúme, a fidelidade que, com a dissolução, é compatível com uma longa série, e a intenção de salvamento –, consideraremos pouco provável poder derivá-los de uma única fonte. E eis que surge facilmente essa única fonte no aprofundamento psicanalítico na história da vida das pessoas em questão. Essa escolha de objeto curiosamente determinada e a conduta tão singular têm a mesma origem psíquica que na vida amorosa das pessoas normais; brotam da fixação infantil do carinho pela mãe e representam uma das saídas dessa fixação. Na vida amorosa normal, restam apenas poucos traços que revelam inequivocamente o exemplo materno de escolha de objeto. Por exemplo, a preferência de homens mais jovens por mulheres mais maduras; a separação da libido da mãe completou-se relativamente rápido. Por outro lado, em nosso tipo, a libido permaneceu ligada à mãe por tanto tempo, mesmo depois da entrada na puberdade, que os objetos amorosos eleitos mais tarde estão impregnados pelas características maternas e todos eles se tornam substitutos facilmente reconhecíveis da mãe. Aqui se impõe a comparação com a formação do crânio do recém-nascido; se o parto é prolongado, o crânio da criança sempre vai figurar a pressão da abertura pélvica da mãe.

Agora vamos nos dedicar a tornar plausível que os traços característicos do nosso tipo, as condições amorosas, bem como a sua conduta amorosa, realmente decorrem da constelação materna. Isso seria mais fácil para a primeira condição, a de que a mulher não seja livre ou da presença de um terceiro prejudicado. Compreendemos, de imediato, que, para a criança que cresce em família, o fato de a mãe pertencer ao pai passa a ser uma parte inseparável da essência materna e que nenhum outro, a não ser o pai, é o terceiro prejudicado. Com a mesma facilidade acrescenta-se à trama infantil o traço supervalorizador de que a amada é única e insubstituível, pois ninguém tem mais do que uma mãe, e a relação com ela fundamenta-se em um acontecimento que não pode ser exposto a qualquer dúvida nem pode ser repetido.

Se os objetos amorosos do nosso tipo devem ser, sobretudo, os substitutos da mãe, podemos também entender a formação de série [*Reihenbildung*] que parece contradizer tão diretamente a condição da fidelidade. A psicanálise nos ensina, também através de outros exemplos, que o insubstituível que atua no inconsciente se manifesta com frequência através da dissolução em uma série infinita, e justamente infinita porque cada substituto deixa faltar a satisfação almejada. Assim, o insaciável prazer de perguntar das crianças em certa idade se explica pelo fato de que elas têm uma única pergunta a fazer, mas não a conseguem trazer para os lábios; explica-se também a tagarelice de pessoas que sofrem danos neuróticos pela pressão de um segredo que quer ser contado, mas que elas, apesar de todas as tentações, nunca revelam.

Por outro lado, a segunda condição, a da libertinagem do objeto escolhido, parece contrariar, energicamente, uma derivação do complexo materno. Para o pensamento consciente do adulto, a mãe aparece preferencialmente como uma personalidade de pureza moral inatacável, e nada tem efeito tão ofensivo, quando vem de fora, ou é sentido como tão penoso, quando vem de dentro, como uma dúvida sobre esse caráter da mãe. Mas é justamente essa relação de aguda oposição entre a "mãe" e a "libertina" [*Dirne*] que nos motivará a investigar a história do desenvolvimento e a relação inconsciente entre esses dois complexos, já que há muito tempo sabemos que no inconsciente muitas vezes coincide com um aquilo que na consciência se apresenta cindido em dois opostos. A investigação nos leva, então, de volta à época da vida em que o menino adquire, pela primeira vez, um conhecimento mais completo sobre as relações sexuais entre os adultos, por volta dos anos anteriores à puberdade. Comunicações brutais, de tendência francamente depreciativa e difamatória, familiarizam-no com o segredo da vida sexual, destroem a autoridade dos adultos, que se revela inconciliável com o descobrimento de sua atividade sexual. O que nessas revelações exerce a influência mais intensa sobre o recém-iniciado é a relação delas com teus próprios pais. Esta é muitas vezes diretamente rejeitada pelo ouvinte, com mais ou menos estas palavras: "É possível que os seus pais e outras pessoas façam algo assim entre si, mas meus pais é totalmente impossível".[5]

Como um corolário que raramente falta ao "esclarecimento sexual" [*sexuellen Aufklärung*], o menino adquire,

---

[5] Ver o último parágrafo de "Sobre teorias sexuais infantis", no volume *Amor, sexualidade, feminilidade* da coleção Obras Incompletas de Sigmund Freud: "É possível que o teu pai e outras pessoas façam isso, mas o meu pai, tenho certeza de que ele nunca o faria". (N.T.)

ao mesmo tempo, notícia da existência de certas mulheres que praticam o ato sexual em troca de pagamento e que, por isso, são desprezadas por todos. Esse desprezo precisa se afastar dele próprio; o que ele nutre por essas infelizes é apenas uma mistura de anseio [*Sehnsucht*] e horror, até ficar sabendo que ele também pode ser introduzido por elas na vida sexual, coisa que até o momento valia como um privilégio exclusivo dos "maiores". Quando ele então não pode mais persistir nessa dúvida que reclama para seus pais uma exceção às medonhas normas da atividade sexual, ele diz a si mesmo com cínica correção que a diferença entre a mãe e a prostituta [*Hure*] não é, afinal, tão grande, pois no fundo elas fazem o mesmo. De fato, as comunicações esclarecedoras despertaram nele os vestígios de lembranças das impressões e dos desejos de sua tenra infância, e a partir delas tornaram a colocar em atividade certas moções psíquicas. Ele começa a ansiar por sua própria mãe, no sentido recém-adquirido, e a odiar o pai de forma nova, como um concorrente que lhe impede esse desejo; ele cai, como dizemos, sob o domínio do complexo de Édipo.[6] Ele não perdoa a mãe e considera como que uma infidelidade o fato de ela não ter concedido a ele, e sim ao pai, o privilégio da relação sexual. Essas moções, quando não passam rápido, não têm outra saída, a não ser se extravasar em fantasias, que têm como conteúdo a atividade sexual da mãe sob as mais diversas circunstâncias, e cuja tensão leva a se resolver também com relativa facilidade no ato onanista. Em consequência da permanente ação conjunta das duas motivações pulsionais, a cobiça e a sede de vingança, as fantasias de infidelidade

---

[6] Trata-se da primeira ocorrência textual dessa expressão na obra de Freud. (N.E.)

da mãe são, de longe, as preferidas; o amante, com o qual a mãe comete a infidelidade, quase sempre porta os traços do próprio Eu, ou melhor, da própria personalidade idealizada e amadurecida para elevá-la ao nível do pai. O que descrevi em outro lugar como "romance familiar" contempla as diversas formações dessa atividade da fantasia e seu entretecimento com vários interesses egoístas dessa época da vida. Após examinarmos essa parte do desenvolvimento psíquico, não podemos achar contraditório e incompreensível que a condição de libertinagem da amada derive diretamente do complexo materno. O tipo de vida amorosa masculina que descrevemos carrega em si os vestígios dessa história de desenvolvimento e se deixa compreender facilmente como uma fixação nas fantasias da puberdade do menino, as quais, mais tarde, ainda encontraram, afinal, uma saída para a realidade da vida. Não é difícil supor que o onanismo assiduamente praticado nos anos da puberdade tenha contribuído para a fixação daquelas fantasias.

Com essas fantasias, que se decidiram por dominar a vida amorosa real, a tendência de salvar a amada parece estar em uma ligação apenas frouxa, superficial, e que se esgota com uma justificativa consciente. A amada se coloca em perigo por sua inclinação pela inconstância e infidelidade, portanto, é compreensível que o amante se esforce em poupá-la desses perigos, vigiando sua virtude e combatendo suas más tendências. Entretanto, o estudo das lembranças encobridoras [*Deckerinnerungen*], das fantasias e dos sonhos noturnos dos seres humanos mostra que estamos diante de uma "racionalização" perfeitamente bem-sucedida de uma motivação inconsciente, equiparável a uma boa elaboração secundária de um sonho. Na verdade, o tema do salvamento tem seu próprio significado e história, e é um derivado autônomo do complexo materno, ou, melhor dizendo, do complexo parental. Quando a criança ouve que *deve* sua vida aos pais, que a mãe lhe "presenteou com a vida", nela se reúnem moções ternas e as de uma mania de grandeza que lutam pela independência, para gerar o desejo de devolver esse presente aos pais e de compensá-los com outro de igual valor. É como se o desafio do menino quisesse dizer: "Não preciso de nada do meu pai, quero devolver-lhe tudo o que eu lhe custei". Forma-se então a fantasia de *salvar o pai de um perigo de vida*, através da qual ele fica quites com este, e essa fantasia desloca-se bastante frequentemente para o imperador, para o rei ou para outro grande homem e, depois dessa desfiguração, torna-se capaz de consciência e é aproveitável até para o poeta. Na aplicação ao pai prevalece, de longe, o sentido desafiador da fantasia de salvamento; à mãe quase sempre direciona o significado carinhoso. A mãe presenteou a criança com a vida, e não é fácil substituir esse presente singular por um de igual valor. Com uma ligeira transformação no significado, tal como lhe é facilitado no inconsciente – uma transformação equiparável à confluência consciente de um conceito a outro –, o salvamento da mãe ganha o significado de: dar-lhe uma criança de presente ou fazer-lhe, é claro, um filho como ele mesmo. A distância do sentido original do salvamento não é muito grande, nem é arbitrária a transformação do significado. A mãe presenteou alguém com a vida, a sua própria, e em troca nós lhe damos uma outra vida de presente, a de um filho, que tem consigo próprio a maior semelhança. O filho se mostra agradecido, desejando ter um filho da mãe, um filho igual a ele mesmo, isto é, na fantasia de salvamento ele se identifica totalmente com o pai. Todas as pulsões, as ternas, as de agradecimento, as lascivas, as de desafio, as de autonomia são satisfeitas através do único desejo, *de ser seu próprio pai*. Mesmo o fator do perigo não foi perdido na transformação do significado; o próprio ato do nascimento passa a ser o perigo do qual se foi salvo pelo esforço da mãe. O nascimento é tanto o primeiro de todos os perigos de vida quanto o modelo de todos os posteriores, dos quais sentimos angústia [*Angst*], e é provável que a vivência do nascimento nos tenha deixado a expressão afetiva que chamamos de medo. O *Macduff*[7] da lenda escocesa, que não foi parido por sua mãe, que foi arrancado de seu ventre, também não conheceu o medo por isso.

O velho Artemidoro,[8] intérprete de sonhos, certamente tinha razão quando afirmava que o sonho transforma seu sentido [*Sinn*] de acordo com a pessoa do sonhador. De acordo com as leis válidas para a expressão de pensamentos inconscientes, "salvar" pode mudar de significado [*Bedeutung*], dependendo de ser fantasiado por uma mulher ou por um homem. Ele pode igualmente significar: fazer um filho = causar seu nascimento (para o homem), ou: ela mesma dar à luz uma criança (para a mulher).

Particularmente em sua combinação com a água, esses diversos significados do salvamento são reconhecidos claramente em sonhos e fantasias. Quando um homem no

---

[7] Macduff é ao mesmo tempo herói e antagonista da peça *Macbeth*, de William Shakespeare, inspirada, por sua vez, numa lenda escocesa segundo a qual Macduff teria sido expulso do útero materno fora do tempo. Freud retoma esse tema e essa mesma referência literária no início da XXV "Conferência introdutória à psicanálise" (1916-1917), dedicada à Angústia. (N.E.)

[8] Nascido em Éfeso, no século II d.C., Artemidoro é autor de uma obra em cinco volumes intitulada *Oneirokritikon* (Sobre a interpretação dos sonhos). (N.E.)

sonho salva uma mulher da água, quer dizer: ele a torna mãe, o que, de acordo com as elucidações anteriores, tem o mesmo sentido que o conteúdo seguinte: ele faz dela sua mãe. Quando uma mulher salva uma outra pessoa da água (uma criança), ela se declara sua mãe, a que lhe deu à luz, tal como a filha do rei na lenda de Moisés.[9]

Ocasionalmente, também a fantasia de salvamento dirigida ao pai contém um sentido terno. Ela quer então expressar o desejo de ter o pai como filho, isto é, de ter um filho que seja como o pai. Por causa de todos esses vínculos do tema do salvamento com o complexo parental, a tendência de salvar a amada constitui um traço essencial do tipo amoroso aqui descrito.

Não considero necessário justificar meu modo de trabalho, que, tanto aqui como na apresentação do *erotismo anal*,[10] parte do material da observação para destacar alguns tipos, de início, extremos e claramente circunscritos. Em ambos os casos existe um número muito maior de indivíduos nos quais apenas algumas características desse tipo podem ser comprovadas, ou elas estão difusamente acentuadas, e é evidente que só a apresentação de todo o contexto do qual tomamos esses tipos vai possibilitar sua apreciação correta.

---

[9] Rank, 1909.

[10] Cf. "Caráter e erotismo anal" (1908) na coleção Obras Incompletas de Sigmund Freud, no volume *Histeria, neurose obsessiva e outras neuroses* (no prelo). (N.E.)

II – Über die allgemeinste Erniedrigung des Liebeslebens (1912)

1912   *Jahrbuch der psychoanalytischen und psychopathologische Forschung*, v. 4, n. 1, p. 40-50
1918   *Sammlung kleiner Schriften zur Neurosenlehre*, 4, p. 213-228
1924   *Gesammelte Schriften*, t. V, p. 198-211
1943   *Gesammelte Werke*, t. VIII, p. 78-91

Sobre a mais geral degradação da vida amorosa
(Contribuições para a psicologia da vida amorosa — II)

1

Se o praticante da psicanálise se perguntar por qual sofrimento sua ajuda é solicitada com maior frequência, ele irá responder que – com exceção da angústia [*Angst*] em suas várias formas – é a impotência psíquica. Essa perturbação singular atinge homens de natureza fortemente libidinosa e se manifesta no fato de que os órgãos que executam a sexualidade se recusam ao cumprimento do ato sexual, apesar de se mostrarem, antes e depois, intactos e capazes de operar e apesar de haver uma forte propensão psíquica para o cumprimento do ato. O primeiro indício para a compreensão do seu estado é o próprio doente que detém, ao passar pela experiência de que um impedimento [*Versagung*] como esse só ocorre quando ele faz a tentativa com determinadas pessoas, pois com outras isso está fora de questão. Ele sabe, então, ser de uma característica do objeto que parte a inibição de sua potência masculina, e às vezes relata ter a sensação de haver um obstáculo dentro dele, a percepção de uma contravontade, que consegue perturbar a intenção consciente. No entanto, ele não consegue intuir o que seria esse obstáculo e qual característica do objeto sexual o acionaria. Se ele vivenciou esse impedimento mais de uma vez, fará o julgamento de acordo com uma conexão sabidamente equivocada de que a lembrança da primeira vez, sendo uma perturbadora representação de angústia [*Angstvorstellung*], teria provocado as repetições; a própria primeira vez, contudo, ele atribui a uma impressão "casual".

Estudos psicanalíticos sobre a impotência psíquica já foram empreendidos e publicados por vários autores.[1] Qualquer analista pode corroborar os esclarecimentos oferecidos por eles através de sua própria experiência clínica. Trata-se, realmente, do efeito inibidor de certos complexos psíquicos que se subtraem ao conhecimento do indivíduo. Como conteúdo mais geral desse material patogênico destaca-se a fixação incestuosa não superada na mãe e na irmã. Além disso, deve ser considerada a influência de impressões acidentais penosas que se ligam à atividade sexual infantil e aqueles fatores que, de uma maneira bem geral, reduzem a libido que deve ser direcionada para o objeto sexual feminino.[2]

Se submetemos casos patentes de impotência psíquica a um estudo profundo pela psicanálise, obtemos a seguinte informação sobre os processos psicossexuais ali eficazes: o fundamento do sofrimento é, também neste caso – como muito provavelmente em todas as perturbações neuróticas –, uma inibição na história do desenvolvimento da libido até

---

[1] M. Steiner: "A impotência funcional do homem e seu tratamento", 1907 ["Die funktionelle Impotenz des Mannes und ihre Behandlung"]. W. Steckel *in*: "Estados nervosos de angústia e seu tratamento", Viena, 1908 (II edição, 1912) ["Nervöse Angstzustände und ihre Behandlung"]. Ferenczi: "Interpretação analítica e tratamento da impotência sexual no homem" (*Psychiat. -neurol. Wochenschrift*, 1908) ["Analytische Deutung und Behandlung der psychosexuellen Impotenz beim Manne"].

[2] W. Steckel, 1908, p. 191 em diante.

sua configuração final, que se pode chamar de normal. Aqui há duas correntes desencontradas, cuja união é fundamental para uma conduta amorosa plenamente normal; duas correntes que podem ser distinguidas como a *terna* e a *sensual*.

Dessas duas correntes, a terna é a mais antiga. Ela se constitui nos primeiros anos da infância, formou-se com base em interesses da pulsão de autoconservação e se dirige a pessoas da família e aos responsáveis por cuidar das crianças. Desde o início, ela trouxe consigo contribuições das pulsões sexuais, componentes de interesse erótico, que já na infância são mais ou menos evidentes, e que são descobertos no neurótico, em todos os casos, através de posterior psicanálise. Ela corresponde à *escolha infantil primária de objeto*. Dela aprendemos que as pulsões sexuais encontram seus primeiros objetos apoiando-se [*Anlehnung*] nas avaliações das pulsões do Eu, da mesma maneira que as primeiras satisfações sexuais se apoiam nas funções corporais necessárias para a conservação da vida. A "ternura" dos pais e de cuidadores, que raramente nega [*verleugnet*] seu caráter erótico ("a criança é um brinquedo erótico"), muito faz para aumentar as contribuições do erotismo aos investimentos das pulsões do Eu na criança e para conduzi-las até uma medida que deve ser levada em conta no desenvolvimento futuro, especialmente quando algumas outras circunstâncias prestam seu auxílio.

Essas fixações de ternura da criança seguem ao longo da infância e continuamente levam consigo mais erotismo, que, por essa via, vai sendo desviado de suas metas sexuais. Na idade da puberdade acrescenta-se, então, a poderosa corrente "sensual", que já não ignora as suas metas. Parece que ela nunca deixa de passar pelos caminhos anteriores e de investir, agora com quantidades libidinais muito mais poderosas, os objetos da primeira escolha infantil. Mas, como lá ela encontra os obstáculos – erigidos nesse meio-tempo – da barreira do incesto, manifestará o anseio de encontrar, o mais rápido possível, a passagem desses objetos inadequados à realidade para outros objetos, estranhos, com os quais se possa levar uma vida sexual real. Esses objetos estranhos serão sempre escolhidos a partir do modelo (da *imago*) dos objetos infantis, mas, com o tempo, atrairão para si a ternura que estava encadeada aos mais antigos. O homem abandonará seu pai e sua mãe – segundo o preceito bíblico – para seguir sua esposa; ternura e sensualidade estão, então, reunidas. Os mais altos graus de enamoramento sensual trarão consigo a mais alta valorização psíquica (a supervalorização normal do objeto sexual por parte do homem).

Para o fracasso desse avanço no curso do desenvolvimento da libido, dois fatores serão decisivos. Em primeiro lugar, a medida do *impedimento real*, que se opõe à nova escolha de objeto e a desvaloriza para o indivíduo. Não há nenhum sentido em se voltar para a escolha de objeto se não é absolutamente permitido escolher ou não há perspectiva de se poder escolher algo conveniente. Em segundo lugar, a medida de atração que são capazes de exercer os objetos infantis a serem abandonados e que é proporcional ao investimento erótico que ainda lhes coube na infância. Se esses dois fatores forem fortes o suficiente, entra em ação o mecanismo geral da formação de neurose. A libido se afasta da realidade, é tomada pela atividade da fantasia (introversão), fortalece a imagem dos primeiros objetos sexuais e se fixa neles. No entanto, o obstáculo do incesto força a libido voltada para esses objetos a permanecer no inconsciente. A atividade da corrente sensual, que agora pertence ao inconsciente, faz sua contribuição em atos onanistas para reforçar essa fixação. Nada se altera nesse estado de coisas, se se completar na fantasia o avanço que fracassou na realidade, se, nas situações de fantasia que levam à satisfação masturbatória, os objetos sexuais originários forem substituídos por outros. As fantasias são capazes de chegar à consciência por meio desse substituto; nenhum avanço se consuma na acomodação real da libido.

Assim, pode acontecer que toda a sensualidade de um jovem permaneça no inconsciente ligada a objetos incestuosos ou, como também podemos dizer, fixada em fantasias incestuosas inconscientes. O resultado é, então, uma impotência absoluta, que talvez seja ainda confirmada pelo efetivo enfraquecimento simultaneamente adquirido dos órgãos que executam o ato sexual.

Para que se produza especificamente a assim chamada impotência psíquica são necessárias condições mais brandas. A corrente sensual não pode, em todo o seu montante [*Betrag*], sucumbir ao destino de ter de se ocultar atrás da corrente terna, ela precisa permanecer suficientemente forte ou não inibida, para forçar, em parte, o acesso para a realidade. Porém, a atividade sexual dessas pessoas deixa perceber, pelos mais claros indícios, que não estão respaldadas pela força pulsional psíquica: essa atividade é caprichosa, facilmente perturbável, frequentemente incorreta na execução, pouco rica em fruição. Mas, acima de tudo, ela precisa desviar da corrente terna. Portanto, produziu-se uma limitação na escolha de objeto. A corrente sensual, que permaneceu ativa, procura por objetos que não lembrem as pessoas incestuosas proibidas; se, de uma pessoa, parte uma impressão que possa levar a uma alta valorização psíquica, ela não desemboca numa excitação da sensualidade, mas em ternura eroticamente ineficaz. A vida amorosa desses seres humanos permanece cindida nas duas direções que são personificados pela arte como amor celestial e terreno (ou animal). Quando amam, não desejam [*begehren*], e quando desejam, não podem amar. Eles procuram objetos que não precisam amar, para manter afastada a sua sensualidade dos objetos amados; e o singular impedimento que ocorre na impotência psíquica apresenta-se, então, segundo as leis da "sensibilidade do complexo" e do "retorno do recalcado", quando, no objeto escolhido para evitar o incesto, um traço [*Zug*], muitas vezes imperceptível, lembra o objeto evitado.

A principal medida protetora contra essa perturbação, da qual o ser humano se serve nessa cisão amorosa, consiste na *degradação* psíquica do objeto sexual, sendo reservada a supervalorização, que normalmente se liga ao objeto sexual, para o objeto incestuoso e seus representantes. Assim que a condição da degradação se realiza, a sensualidade pode se expressar livremente, desenvolver operações sexuais significativas e elevado prazer. Um outro contexto contribui ainda para esse resultado. As pessoas, nas quais não houve a confluência apropriada da corrente terna e da sensual, possuem quase sempre uma vida amorosa pouco refinada; nelas se conservaram metas sexuais perversas, cuja não realização é percebida como sensível perda de prazer, mas cuja realização só parece possível no objeto sexual degradado, menosprezado.

As fantasias do menino, mencionadas no primeiro ensaio,[3] que rebaixam a mãe à condição de "mulher da vida" [*Dirne*] podem agora ser compreendidas por seus motivos. Trata-se de esforços para estender uma ponte, ao menos na fantasia, sobre o abismo entre as duas correntes da vida amorosa, para ganhar a mãe, através da degradação, como objeto para a sensualidade.

---

[3] Cf., neste volume, "Sobre um tipo particular de escolha de objeto nos homens". (N.T.)

2

Até aqui, ocupamo-nos com uma investigação médico-psicológica da impotência psíquica, que não encontra nenhuma justificativa no título deste ensaio. Mas ficará claro que necessitávamos desta introdução para obter acesso ao nosso tema propriamente dito.

Reduzimos a impotência psíquica à não convergência da corrente terna e da sensual na vida amorosa e até mesmo explicamos essa inibição do desenvolvimento através das influências das intensas fixações infantis e pelo posterior impedimento da realidade, mediante a intervenção da barreira do incesto. Contra essa teoria há, sobretudo, uma objeção: ela parece excessiva, ela nos explica por que certas pessoas sofrem de impotência sexual, mas faz parecer enigmático que outras possam escapar desse sofrimento. Tendo em vista que todos os fatores relevantes considerados – a intensa fixação infantil, a barreira do incesto e o impedimento nos anos do desenvolvimento depois da puberdade – podem ser encontrados em quase todos os seres humanos civilizados, estaria justificada a expectativa de que a impotência psíquica fosse um sofrimento cultural geral e não a doença de somente alguns.

Seria fácil escapar dessa dedução, apontando para o fator quantitativo da causação da doença, para a contribuição maior ou menor de cada fator, do qual depende que se produza ou não um resultado patológico reconhecível. Porém, apesar de eu querer reconhecer essa resposta como correta, não tenho a intenção de, com isso, rejeitar a própria conclusão. Ao contrário, quero apresentar a afirmação de que a impotência psíquica está muito mais difundida do que se acredita, e que uma certa medida dessa conduta caracteriza, de fato, a vida amorosa do ser humano civilizado.

Se ampliarmos o conceito da impotência psíquica e não o limitarmos ao impedimento na ação do coito, apesar de a intenção de obter prazer estar presente e de o aparelho genital estar intacto, apresentam-se em primeiro lugar todos aqueles homens que são descritos como *psicanestésicos*, aos quais a ação nunca é impedida, mas que a realizam sem um especial ganho de prazer; acontecimentos que são mais frequentes do que se gostaria de acreditar. A investigação psicanalítica desses casos descobre os mesmos fatores etiológicos encontrados na impotência psíquica no sentido mais estrito, sem antes encontrar uma explicação para as diferenças sintomáticas. E dos homens anestésicos, uma analogia fácil de justificar leva-nos ao imenso número de mulheres frígidas,[4] cuja conduta amorosa não pode, de fato, ser melhor descrita ou entendida do que comparando-a com a impotência psíquica do homem,[5] mais chamativa.

Contudo, se não considerarmos uma ampliação do conceito de impotência psíquica, mas as gradações de sua sintomatologia, não podemos fechar os olhos para a compreensão de que a conduta amorosa do homem no nosso mundo atual civilizado carrega em si absolutamente o selo da impotência psíquica. A corrente terna e a sensual fundiram-se adequadamente em um número mínimo de pessoas entre as instruídas; quase sempre o homem se sente limitado em sua atividade sexual pelo respeito à mulher e só desenvolve sua plena potência quando tem diante de si um objeto sexual degradado, o que novamente é justificado, entre outros motivos, pelo fato

---

[4] Cf., neste volume, "O tabu da virgindade", onde esta questão é amplamente discutida. (N.T.)

[5] Ao mesmo tempo, admito de bom grado que a frigidez da mulher é um tema complexo e que pode ser abordado de outro ângulo.

de entrarem em suas metas sexuais componentes perversos, os quais ele não ousa satisfazer na mulher respeitada. Só lhe é assegurado um gozo sexual pleno quando puder se dedicar à satisfação sem reservas, o que ele não se atreve a fazer, por exemplo, com sua bem-comportada esposa. A isso se deve sua necessidade de um objeto sexual degradado, de uma mulher eticamente inferior, a quem não precise conceder considerações estéticas, que não o conheça em seus outros relacionamentos sociais nem possa julgar. A uma mulher como essa, ele prefere dedicar sua potência sexual, mesmo que sua ternura pertença por inteiro a uma mulher superior. É possível que a inclinação, tão frequentemente observada nos homens das classes sociais mais altas, a escolher uma mulher de padrão inferior como amante permanente, ou mesmo como esposa, não seja mais do que a consequência da necessidade daquele objeto sexual degradado, com o qual está ligada psicologicamente a possibilidade da completa satisfação.

Não hesito em também responsabilizar por essa conduta frequente dos homens civilizados na vida amorosa os dois fatores atuantes na verdadeira impotência psíquica: a fixação incestuosa intensa na infância e o impedimento real na adolescência. Apesar de soar de forma pouco animadora e, além disso, paradoxal, precisa ser dito que quem tiver de ser realmente livre e, com isso, também feliz na vida amorosa precisa ter superado o respeito à mulher e estar apaziguado com a ideia [*Vorstellung*] do incesto com a mãe ou irmã. Aquele que se submeter a um sério autoexame a respeito dessa exigência descobrirá sem dúvida dentro de si que, no fundo, considera o ato sexual algo degradante, que mancha e polui não apenas o corporal [*leiblich*]. A origem dessa avaliação, que ele certamente não reconhece de boa vontade, só poderá ser procurada naquela época de sua juventude na qual sua corrente sensual estava intensamente desenvolvida, mas sua satisfação com o objeto estranho estava tão proibida quanto com um incestuoso.

Em nosso mundo civilizado, as mulheres se encontram sob um semelhante efeito posterior de sua educação e, além disso, sob o retroefeito da conduta dos homens. É claro que para elas é tão desvantajoso se o homem não as abordar com sua inteira potência quanto se a supervalorização inicial do enamoramento se dissolver em subvalorização depois de possuí-la. Quase não se percebe uma necessidade de degradação do objeto sexual na mulher; isso sem dúvida tem a ver com o fato de, em geral, ela não conseguir produzir algo semelhante à supervalorização sexual como no caso do homem. Mas a longa contenção da sexualidade e a permanência da sensualidade na fantasia tem para ela uma outra consequência significativa. Muitas vezes não consegue mais desfazer a conexão da atividade sensual com a proibição, e se mostra psiquicamente impotente, isto é, frígida, quando finalmente essa atividade lhe é permitida. Essa é a origem, para muitas mulheres, da ânsia de manter por um tempo em segredo inclusive as relações permitidas, e para outras, da capacidade de ter sensações normais, assim que se restabeleça a condição da proibição, em uma relação amorosa secreta; infiéis ao marido, são capazes de guardar para o amante uma fidelidade de segunda ordem.[6]

Acho que essa condição de proibição na vida amorosa feminina é equiparável à necessidade de degradação do objeto

---

[6] Cf., neste volume, "O tabu da virgindade", onde se lê: "A mulher só reencontra sua sensibilidade para a ternura em uma relação ilícita que possa se manter em segredo, a única em que ela está segura de sua própria vontade, livre de influências". (N.T.)

sexual no homem. Ambas são consequências do longo adiamento entre o amadurecimento sexual e a atividade sexual exigido pela educação por razões culturais. Ambas procuram suspender a impotência psíquica que resulta do desencontro das moções ternas e sensuais. Se o resultado das mesmas causas se mostra tão diferente na mulher e no homem, isso se deve, talvez, a uma outra diferença na conduta de ambos os sexos. A mulher civilizada procura não transgredir a proibição da atividade sexual durante o tempo de espera e assim obtém a compreensão da íntima conexão entre proibição e sexualidade. O homem infringe essa proibição, na maioria das vezes, sob a condição da degradação do objeto e, por isso, leva consigo essa condição para a sua futura vida amorosa.

Em vista dos empenhos tão animados por uma reforma da vida sexual no atual mundo civilizado, não será supérfluo relembrar que a investigação psicanalítica conhece tão poucas tendências quanto qualquer outra investigação. Ela não quer outra coisa senão descobrir correlações, depreendendo do manifesto o que é oculto. E ela estará de acordo se as reformas se servirem de suas descobertas para colocar o mais vantajoso no lugar do prejudicial. Mas ela não pode predizer se outras instituições não terão como consequências outros sacrifícios, talvez mais sérios.

3

O fato de o refreamento cultural da vida amorosa trazer consigo a mais generalizada degradação dos objetos sexuais pode nos levar a desviar nosso olhar dos objetos para as próprias pulsões. O prejuízo do impedimento inicial do gozo sexual [*Sexualgenusses*] se exterioriza de uma maneira que sua posterior liberação no casamento não mais produza efeito plenamente satisfatório. Mas a liberdade sexual ilimitada desde o começo também não leva a nenhum resultado melhor. É fácil constatar que o valor psíquico da necessidade amorosa diminui imediatamente, assim que satisfação lhe for facilitada. Ela precisa de um obstáculo para impelir a libido às alturas, e quando as resistências naturais contra a satisfação não foram suficientes, os seres humanos de todas as épocas inseriram resistências convencionais, para poder desfrutar [*geniessen*] do amor. Isso vale tanto para indivíduos quanto para os povos. Em épocas nas quais a satisfação amorosa não encontrou dificuldades, talvez como durante a decadência da cultura da Idade Antiga, o amor perdeu o valor, a vida ficou vazia, e foram necessárias intensas formações reativas para restabelecer os valores afetivos indispensáveis. Nesse contexto, podemos afirmar que a corrente ascética do cristianismo criou valores psíquicos para o amor que a Antiguidade pagã nunca lhe conseguiu emprestar. Ela alcançou sua maior importância com os monges ascéticos, cuja vida foi preenchida quase que exclusivamente pela luta contra a tentação libidinosa.

Estamos certamente inclinados a primeiro remontar às dificuldades que aqui surgem a propriedades gerais de nossas pulsões orgânicas [*organischen Triebe*]. Também é geralmente correto que a importância psíquica de uma pulsão aumenta com o seu impedimento. Tentemos expor um número dos mais diferentes seres humanos igualmente à fome. Com o aumento da necessidade imperiosa de alimentação, apagam-se todas as diferenças individuais, e em seu lugar surgem as manifestações uniformes de uma pulsão não apaziguada. Mas será verdade que, com a satisfação de uma pulsão, seu valor psíquico em geral também diminui tanto? Pensemos, por exemplo, na relação daquele que bebe com o vinho. Não é verdade que o vinho sempre oferece ao bebedor a mesma satisfação tóxica que na poesia tantas vezes foi comparada com a satisfação erótica e que também se pode comparar do ponto de vista da concepção científica? Alguma vez já se ouviu falar que o bebedor precisa constantemente trocar de bebida porque beber sempre a mesma logo não vai ter o mesmo sabor? Ao contrário, o hábito sempre estreita cada vez mais o laço entre o homem e o tipo de vinho que ele bebe. Acaso sabemos, sobre o bebedor, de uma necessidade de ir a um país no qual o vinho seja mais caro ou em que a fruição do vinho seja proibida, para que sua satisfação decrescente possa ser auxiliada pela interpolação dessas dificuldades? De maneira alguma. Se ouvirmos o que dizem os nossos grandes alcoólatras, por exemplo, Böcklin, sobre sua relação com o vinho,[7] ela soa como a mais pura harmonia, como o modelo de um casamento feliz. Por que será tão diferente a relação do amante com seu objeto sexual?

Creio, por mais estranho que possa soar, que devemos considerar a possibilidade de que alguma coisa na natureza da própria pulsão sexual não seja favorável à realização da plena satisfação. Da longa e difícil história do desenvolvimento da pulsão destacam-se imediatamente dois fatores, que poderíamos responsabilizar por essa dificuldade. Em primeiro lugar, em consequência da formação da escolha difásica de objeto, interrompida pela barreira do incesto, o objeto definitivo da pulsão sexual nunca mais será o objeto originário, mas apenas um substituto dele. Mas a psicanálise nos ensinou: quando o objeto originário de uma moção de desejo foi perdido em consequência de recalcamento, ele vai ser representado, com frequência, por uma série infindável

---

[7] G. Floerke: *Dez anos com Böcklin*, 2. ed., 1902, p. 16 [*Zehn Jahre mit Böcklin*].

de objetos substitutos, dos quais, entretanto, nenhum vai bastar completamente. Isso pode nos explicar a inconstância na escolha de objeto, a "fome de estímulo", que tantas vezes caracteriza a vida amorosa dos adultos.

Em segundo lugar, sabemos que a pulsão sexual divide-se, no início, em uma grande série de componentes – ou melhor, origina-se desta –, dos quais nem todos podem ser aceitos em sua configuração posterior, mas precisam ser antes reprimidos [*unterdrückt*] ou utilizados de outra maneira. São principalmente os componentes pulsionais coprófilos que se mostram intoleráveis com a nossa cultura estética, provavelmente desde que, através da postura ereta, nosso órgão olfativo se ergueu da terra; da mesma forma, boa parte dos impulsos [*Antriebe*] sádicos que pertencem à vida amorosa. Mas todos esses processos de desenvolvimento só dizem respeito às camadas superiores da estrutura. Os processos fundamentais, que geram a excitação amorosa, permanecem inalterados. O excrementício forma, com o sexual, uma unidade demasiadamente íntima e inseparável; o lugar dos genitais – *inter urinas et faeces* [entre urina e fezes] – permanece sendo o fator imutável determinante. Nesse ponto, poderíamos dizer, modificando as famosas palavras do grande Napoleão: a anatomia é o destino.[8] Os próprios genitais não acompanharam o desenvolvimento das formas do corpo humano até a beleza, eles permaneceram animalizados, e assim também é o amor hoje, no fundo, tão animalesco quanto o foi desde sempre. As pulsões amorosas são difíceis de educar, sua educação produz ora em demasia, ora muito pouco. O que a cultura quer fazer com elas não parece atingível sem perda sensível de prazer; a

---

[8] Esta frase reaparece em "O declínio do complexo de Édipo", embora com sentido distinto. (N.T.)

persistência das moções não fruídas se deixa conhecer como insatisfação na atividade sexual.

Sendo assim, talvez precisássemos nos familiarizar com o pensamento de que de nenhuma maneira é possível equiparar as exigências da pulsão sexual com as demandas da cultura, de que renúncia e sofrimento, bem como o perigo de extinção da espécie humana, não podem, no futuro mais remoto, ser evitados em consequência do desenvolvimento de sua cultura. Este sombrio prognóstico repousa, na verdade, em uma única suposição, a de que a insatisfação cultural é a consequência necessária de certas particularidades que a pulsão sexual adotou sob a pressão da cultura. A mesma incapacidade de a pulsão sexual produzir satisfação, tão logo for submetida aos primeiros requisitos da cultura, torna-se, no entanto, a fonte das mais grandiosas realizações culturais, que são obtidas através de uma sublimação sempre contínua dos seus componentes pulsionais. Pois que motivos teriam os seres humanos para colocar as forças pulsionais a outros serviços se em qualquer outra distribuição se poderia obter delas total satisfação prazerosa? Nunca deixariam esse prazer e não produziriam nenhum outro progresso. Parece, então, que através da diferença incomparável entre as exigências de ambas as pulsões – das sexuais e das egoístas – os homens se tornaram capazes das mais elevadas realizações [*Leistungen*], é verdade que sob uma ameaça permanente, à qual atualmente sucumbem os mais fracos na forma de neurose.

A ciência não tem a intenção de assustar nem de consolar. Mas eu mesmo estou pronto a admitir que conclusões de tão longo alcance como as acima desenvolvidas deveriam ser construídas em bases mais amplas, e que talvez o estabelecimento de outros desenvolvimentos da humanidade consiga corrigir o resultado daqueles que aqui foram tratados isoladamente.

III – Das Tabu der Virginität (1918[1917])

1917   *Mitteilung: Wiener Psychoanalytischen Vereinigung*
        (12 de dezembro de 1917)
1918   *Sammlung kleiner Schriften zur Neurosenlehre*, 4, p. 229-251
1924   *Gesammelte Schriften*, t. V, p. 212-231
1947   *Gesammelte Werke*, t. XII, p. 159-180

O tabu da virgindade
(Contribuições para a psicologia da vida amorosa — III)

Poucas peculiaridades da vida sexual de povos primitivos causam um efeito tão estranho em nosso sentimento como sua avaliação da virgindade, da intocabilidade da mulher. A nós, a valorização da virgindade, por parte do homem pretendente, parece tão estabelecida e óbvia que quase caímos no embaraço se tivermos de justificar essa avaliação. A exigência de que a moça esteja proibida de levar, no casamento com um homem, a lembrança de uma relação sexual com um outro homem não é mais do que a persistente continuação do direito à posse exclusiva de uma mulher, o que constitui a essência da monogamia, a extensão desse monopólio ao passado.

Sendo assim, não nos parece difícil justificar o que antes parecia um preconceito com as nossas opiniões sobre a vida amorosa da mulher. Aquele que primeiro satisfaz o anseio amoroso de uma virgem, durante muito tempo contido com dificuldade, superando, assim, as resistências que nela foram construídas pelas influências do meio e da educação, este será conduzido por ela a um relacionamento duradouro, cuja possibilidade não se abrirá para nenhum outro. Por causa dessa vivência, estabelece-se na mulher um estado de sujeição que garante a continuação imperturbada de sua posse e a torna resistente contra novas impressões e tentações desconhecidas.

A expressão "sujeição sexual" [*geschlechtliche Hörigkeit*] foi escolhida por Krafft-Ebing,[1] em 1892, para caracterizar o fato de que uma pessoa pode adquirir um grau excepcionalmente alto de dependência e falta de autonomia em relação a uma outra pessoa, com quem mantém uma relação sexual. Essa servidão pode ocasionalmente chegar muito longe, até a perda de qualquer vontade autônoma e até a tolerância dos maiores sacrifícios de seu próprio interesse; porém, o autor não deixou de notar que uma certa medida dessa dependência "é absolutamente necessária, se a união tiver de durar algum tempo". Uma tal medida de sujeição sexual é, de fato, indispensável para a manutenção do casamento como produção cultural e para manter afastadas as tendências à poligamia que o ameaçam, e, em nossa comunidade social, esse fator é normalmente tomado em alta conta.

Um "grau excepcional de enamoramento e fraqueza de caráter", em uma das partes, egoísmo irrestrito, na outra: é desse encontro que Krafft-Ebing deriva o nascimento da sujeição sexual. No entanto, experiências analíticas não permitem que nos demos por satisfeitos com essa simples tentativa de explicação. Antes, podemos reconhecer que a magnitude da resistência sexual superada é o fator decisivo do processo de superação, que, além de ser concentrado, ocorre apenas uma vez. Consequentemente, a sujeição é incomparavelmente mais frequente e mais intensa na mulher do que no homem, embora neste último, pelo menos atualmente, seja mais frequente do que na Idade Antiga. Sempre que pudemos estudar a sujeição sexual nos homens, ela se

---

[1] Krafft-Ebing. Considerações sobre "sujeição sexual" e masoquismo [Bemerkungen über "geschlechtliche Hörigkeit" und Masochismus]. *Jahrbücher für Psychiatrie*, v. X, 1892.

revelou o resultado da superação de uma impotência psíquica através de uma determinada mulher, à qual o homem em questão permaneceu ligado desde então. Muitos casamentos estranhos e um bom número de desfechos trágicos – mesmo aqueles de amplo interesse – parecem encontrar seu esclarecimento nessa origem.

Agora, quanto à mencionada conduta de povos primitivos, ela não será descrita corretamente se afirmarmos que eles não atribuem nenhum valor à virgindade e se oferecermos como prova disso o fato de que eles realizam a defloração das moças fora do casamento e antes da primeira relação conjugal. Parece, ao contrário, que para eles a defloração também é um ato significativo, mas ela se tornou objeto de um tabu, de uma proibição que chamaríamos de religiosa. Em vez de ser reservada para o noivo e futuro marido da moça, o costume exige que *este se esquive dessa operação*.

Não é minha intenção fazer uma compilação completa dos testemunhos literários da existência da proibição desse costume, rastrear sua difusão geográfica e enumerar todas as formas em que ela se manifesta. Dou-me por satisfeito, portanto, com a constatação de que essa ruptura e remoção do hímen, que acontece fora do futuro casamento, é algo muito difundido entre os povos primitivos que hoje ainda vivem. Assim se expressa Crawley[2]: "Essa cerimônia de casamento consiste na perfuração do hímen por alguma pessoa indicada, que não seja o marido; ela é mais comum

---

[2] Crawley: *A rosa mística, um estudo do casamento primitivo*, Londres, 1902 [*The mystic rose, a study of primitive marriage*]; Bartels e Ploss: *A mulher na história natural e na etnologia*, 1891 [*Das Weib in der Natur- und Völkerkunde*]; vários trechos em Frazer: *O tabu e os perigos da alma* [*Tabu and the perils of the soul*]; e Havelock Ellis: *Estudos da psicologia do sexo* [*Studies in the psychology of sex*].

nos estágios mais inferiores da cultura, especialmente na Austrália".[3]

Se, entretanto, a defloração não deve resultar da primeira relação conjugal, então ela precisa ter sido realizada anteriormente – de alguma maneira e por algum dos lados. Citarei algumas passagens do livro de Crawley, acima mencionado, que fornecem informação sobre esses pontos, mas que também nos autorizam a tecer algumas observações críticas.

P. 191: "Entre os Dieri e algumas das tribos vizinhas (na Austrália), é costume geral romper o hímen quando a menina atinge a puberdade. Nas tribos Portland e Glenelg, isso é feito à noiva por uma mulher velha, e às vezes também são chamados homens brancos por essa razão, para desvirginar as moças".[4]

P. 307: "O rompimento intencional[5] do hímen ocorre às vezes na infância, mas habitualmente na época da puberdade [...] Ele é frequentemente combinado – como na Austrália – com um ato cerimonial de coito".[6]

P. 348: (Em tribos australianas, nas quais vigoram as conhecidas restrições ao casamento exogâmico, segundo

---

[3] No original, "*This marriage ceremony consists in perforation of the hymen by some appointed person other than the husband; it is most common in the lowest stages of culture, especially in Australia*". (N.T.)

[4] "*Thus in the Dieri and neighbouring tribes it is the universal custom when a girl reaches puberty to rupture the hymen*". (*Journ. Anthrop. Inst.*, XXIV, 169)." *In the Portland and Glenelg tribes this is done to the bride by an old woman; and sometimes white men are asked for this reason to deflower maidens*" (Brough Smith, *op. cit.*, II, 319).

[5] No original citado por Freud consta "artificial", que ele traduziu para "intencional". (N.T.)

[6] "*The artificial rupture of the hymen sometimes takes place in infancy, but generally at puberty* [...] *It is often combined, as in Australia, with a ceremonial act of intercourse.*"

comunicação de Spencer e Gillen): "O hímen é perfurado artificialmente e então os homens participantes da operação, em uma ordem estabelecida, realizam um coito (cerimonial, bem entendido) com a moça [...] O processo todo tem, digamos, duas partes, o rompimento do hímen e, em seguida, a relação sexual".[7]

P. 349: "Entre os Masai (na África Equatorial), a execução dessa operação constitui um dos preparativos mais importantes para o casamento. Entre os Sakais (Malásia), os Battas (Sumatra) e os Alfoers, das ilhas Celebes, a defloração é efetuada pelo pai da noiva. Nas Filipinas, havia determinados homens que tinham a profissão de deflorar noivas, caso o hímen não tivesse sido rompido já na infância por uma mulher velha, que às vezes era empregada para isso. Em algumas tribos esquimó, a desvirginização da noiva era confiada ao *angebok*, ou sacerdote".[8]

As observações que anunciei dizem respeito a dois pontos. Em primeiro lugar, é lamentável que nesses dados não tenha sido distinguido com mais cuidado o simples rompimento do hímen sem coito, do coito com a finalidade desse

---

[7] "*The hymen is artificially perforated, and then assisting men have access (ceremonial, be it observed) to the girl in a stated order* [...] *The act is in two parts, perforation and intercourse.*"

[8] "*An important preliminary of marriage amongst the Masai is the performance of this operation on the girl*" (J. Thompson, *op. cit.*, 258). "*This defloration is performed by the father of the bride amongst the Sakais, Battas, and Alfoers of Celebes*" (Ploss u. Bartels, *op. cit.*, II, 490). "*In the Philippines there were certain men whose profession it was to deflower brides, in case the hymen had not been ruptured in childhood by an old woman who was sometimes employed for this*" (Featherman, *op. cit.*, II, 474). "*The defloration of the bride was amongst some Eskimo tribes entrusted to the angekok, or priest*" (*id.* III, 406).

rompimento. Apenas em uma passagem ficamos sabendo literalmente que o processo se divide em dois atos: na defloração (manual ou instrumental) e no ato sexual subsequente. O material de Bartels & Ploss, tão rico em outros aspectos, é quase inutilizável para os nossos propósitos, porque, nessa apresentação, a importância psicológica do ato de defloração desaparece totalmente em favor de seu resultado anatômico. Em segundo lugar, gostaríamos de saber em que se diferencia o coito "cerimonial" (puramente formal, ritual, oficial) dessas ocasiões da relação sexual comum. Os autores, aos quais eu tive acesso, ou tiveram demasiado pudor para falar sobre isso ou, por outro lado, subestimaram a importância psicológica desses detalhes sexuais. Podemos ter esperança de que relatos originais de viajantes ou de missionários sejam mais detalhados e inequívocos, mas com a atual inacessibilidade[9] a essa literatura, em sua maior parte estrangeira, não posso afirmar nada seguro a esse respeito. Além do mais, podemos contornar as dúvidas sobre esse segundo ponto com a ponderação de que um pseudocoito cerimonial certamente estaria representando apenas o substituto e talvez ocupasse o lugar de um coito plenamente consumado em épocas anteriores.[10]

Para o esclarecimento desse tabu da virgindade, podemos acrescentar fatores variados, que examinarei em rápida exposição. Na defloração, a moça sangra; a primeira tentativa de explicação baseia-se, então, no horror ao sangue que sentem os primitivos, que o consideram a sede da vida. Esse tabu do

---

[9] O texto foi redigido durante a Primeira Guerra Mundial. (N.R.)

[10] Em numerosos casos de cerimonial de casamento, não há nenhuma dúvida de que outras pessoas além do noivo, por exemplo, seus ajudantes e colegas (os "padrinhos", em nossa tradição), têm todo o direito de acesso sexual à noiva.

sangue é provado através de inúmeros tipos de preceitos, que não têm nada a ver com a sexualidade; ele está claramente relacionado com a proibição de matar e constitui uma medida de defesa contra a sede de sangue originária, o prazer de matar do homem primevo [*Urmenschen*]. Nessa concepção, o tabu da virgindade está articulado com o tabu da menstruação, quase que conservado sem exceção. O primitivo não pode manter distante o fenômeno enigmático do fluxo mensal de sangue das representações sádicas. A menstruação, ao menos a primeira, ele interpreta como a mordida de um animal espiritual, talvez como sinal de relação sexual com esse espírito. Ocasionalmente, um informe permite reconhecer nesse espírito aquele de um antepassado, e então entendemos, apoiando-nos em outras compreensões,[11] que a moça que menstrua seja tabu, enquanto é propriedade desse espírito ancestral.

Mas somos advertidos, de outro lado, a não superestimar a influência de um fator como o horror ao sangue. É que esse fator não conseguiu reprimir [*unterdrücken*] costumes como a circuncisão dos meninos e os ainda mais cruéis infligidos às meninas (excisão do clitóris e dos pequenos lábios), que, em parte, são praticados entre os mesmos povos, nem suspender a observância de outro cerimonial que envolva derramamento de sangue. Portanto, também não seria surpreendente se esse horror fosse superado em benefício do marido na primeira coabitação.

Uma segunda explicação desconsidera igualmente o sexual, mas tem um alcance muito mais geral. Ela sugere que o primitivo está à mercê de uma disposição para a angústia [*Angstbereitschaft*] que o espreita constantemente,

---

[11] Cf. *Totem e tabu*, 1913.

bem semelhante à que supomos na teoria psicanalítica das neuroses sobre os neuróticos de angústia [*Angstneurotiker*]. Essa disposição para a angústia mostrar-se-á mais intensa em todas as situações que desviem do habitual, que tragam consigo algo novo, inesperado, incompreensível, inquietante [*Unheimliches*]. Daí também o cerimonial, que se estendeu pelas religiões posteriores, que está vinculado ao início de qualquer novo empreendimento, ao começo de qualquer nova fase, aos primeiros frutos do ser humano, dos animais e vegetais. Os perigos, pelos quais o angustiado se acredita ameaçado, nunca parecem tão grandes na expectativa como no início da situação perigosa, e então é também conveniente primeiro proteger-se contra eles. A primeira relação sexual no casamento, por causa de sua importância, tem certamente a prerrogativa de ser introduzida através dessas medidas de precaução. As duas tentativas de explicação, a do horror ao sangue e a da angústia diante do que é inaugural, não se contradizem, mas antes se reforçam. A primeira relação sexual é certamente um ato preocupante, e muito mais, se nele acontecer de verter sangue.

Uma terceira explicação – que é a preferida de Crawley – chama a atenção para o fato de que o tabu da virgindade pertence a um grande contexto que abrange a vida sexual inteira. Não apenas o primeiro coito com a mulher é tabu, mas também a relação sexual em geral; quase que poderíamos afirmar que a mulher [*Weib*] inteira constitui tabu. A mulher não é apenas tabu nas situações especiais decorrentes de sua vida sexual, como a menstruação, a gravidez, o parto e o puerpério, mas também fora delas, a relação com a mulher está submetida a limitações tão sérias e numerosas que temos todas as razões para duvidar da suposta liberdade sexual dos selvagens. É certo que a sexualidade dos primitivos sobrepuja todas as inibições em determinadas situações; mas, em geral, ela parece mais fortemente constrita por proibições do que nas camadas mais altas da cultura. Sempre que o homem empreende algo especial, uma expedição, uma caça, uma campanha de guerra, ele precisa afastar-se da mulher e, sobretudo, da relação sexual com ela; do contrário, ela imobilizaria sua força e lhe traria insucesso. Também nos costumes da vida cotidiana é inequívoco o empenho em separar os sexos. Mulheres ficam junto com mulheres e homens com homens; uma vida em família, em nosso sentido, parece quase não existir para muitas tribos primitivas. A separação vai às vezes tão longe que um dos sexos não pode pronunciar os nomes próprios daqueles do outro sexo, que as mulheres desenvolvem uma língua com um vocabulário especial. A necessidade sexual sempre pode derrubar novamente essas barreiras de separação, mas, em algumas tribos, mesmo os encontros dos que são casados precisam acontecer fora de casa e em segredo.

Lá onde o primitivo estabeleceu um tabu, é onde ele teme um perigo, e não se pode negar que em todas essas regras de evitação está expresso um horror fundamental à mulher. Talvez esse horror esteja justificado pelo fato de a mulher ser diferente do homem, eternamente incompreensível e misteriosa, estranha, e por isso parecer hostil. O homem teme ser enfraquecido pela mulher, ser contaminado por sua feminilidade e então mostrar-se incapaz. O efeito relaxante, diluidor das tensões relacionadas ao coito pode ser o modelo para esse temor, e a percepção da influência que a mulher ganha sobre o homem através da relação sexual, a consideração a que ela obriga por isso, justificam a ampliação desse medo [*Angst*]. Em tudo isso não há nada que teria caído em desuso, nada que não continue vivo entre nós.

Muitos observadores dos primitivos que hoje ainda vivem emitiram o julgamento de que seu anseio sexual é relativamente fraco e nunca alcança as intensidades que estamos acostumados a encontrar na humanidade civilizada. Outros contestaram essa avaliação, mas, em todo caso, as práticas de tabu que descrevemos testemunham a existência de uma força que se opõe ao amor, na medida em que ela rejeita a mulher como estranha e hostil.

Com expressões que diferem apenas ligeiramente da terminologia utilizada pela psicanálise, Crawley afirma que cada indivíduo se isola dos demais através de um "tabu de isolamento pessoal",[12] e que justamente as pequenas diferenças, em meio à semelhança em todo o resto, fundamentam os sentimentos de estranheza e hostilidade entre eles. Seria convidativo perseguir essa ideia e propor derivar desse "narcisismo das pequenas diferenças"[13] a hostilidade que vemos em todas as relações humanas lutar com sucesso contra os sentimentos de união e vencer o mandamento do amor generalizado aos seres humanos. Sobre o fundamento dessa rejeição narcísica da mulher pelo homem, bastante deslocada para o menosprezo, a psicanálise acredita ter descoberto uma parte crucial, ao remetê-la ao complexo de castração e sua influência no julgamento sobre a mulher.

Enquanto isso, percebemos que, com essas últimas considerações, ultrapassamos em muito o nosso tema. O tabu geral da mulher não lança nenhuma luz sobre as regras especiais para o primeiro ato sexual com o indivíduo virgem. Aqui ficamos reduzidos às duas primeiras explicações, a

---

[12] Em inglês, "*taboo of personal isolation*". (N.T.)

[13] Primeira ocorrência dessa importante noção, que será retomada mais tarde por Freud em *Psicologia de massas e análise do eu* (1921). (N.E.)

do horror ao sangue e à do horror inaugural, mas, mesmo sobre estas, precisamos dizer que elas não recobrem a essência do preceito de tabu em questão. O que claramente o fundamenta é a intenção de *impedir* [*versagen*] *ou de poupar justamente o futuro esposo de alguma coisa*, o que não pode ser separado do primeiro ato sexual, muito embora, segundo nossa observação feita no início, a partir dessa mesma relação, deveria se derivar um vínculo singular da mulher com esse homem específico.

Desta vez não é nossa tarefa discutir a origem e o último significado dos preceitos do tabu. Eu o fiz em meu livro *Totem e tabu*, onde examinei a condição de uma ambivalência originária para o tabu e defendi a sua origem nos processos pré-históricos que levaram à fundação da família humana. Das práticas de tabu dos primitivos hoje observadas já não se pode mais reconhecer uma significação preliminar como essa. Esquecemos muito facilmente, numa exigência como essa, que mesmo os povos mais primitivos vivem em uma cultura muito distante da dos tempos primevos, que é tão temporalmente antiga quanto a nossa, e que igualmente corresponde a um grau de desenvolvimento posterior, mesmo que diferente.

Encontramos hoje o tabu dos primitivos já difundido em um sistema artificial, bem semelhante ao que desenvolvem os nossos neuróticos em suas fobias, e velhos motivos substituídos por novos, que se correspondem harmoniosamente. Deixando de lado os problemas genéticos, queremos, então, voltar ao ponto de vista de que o primitivo institui um tabu lá onde teme um perigo. Esse perigo, tomado de maneira geral, é psíquico, pois o primitivo não é forçado, nessa situação, a estabelecer duas distinções, que a nós parecem inevitáveis. Ele não separa o perigo material do psíquico, nem o real do imaginário. Em sua concepção animista de mundo, persistentemente levada a cabo, cada perigo vem da intenção hostil de um ser animado como ele; tanto o perigo que o ameaça, como uma força da natureza, quanto o que vem de outros seres humanos ou de animais. Por outro lado, está acostumado a projetar no mundo externo suas próprias moções internas de hostilidade, portanto, nos objetos que sente como desagradáveis ou também como estranhos. A mulher é agora reconhecida como a fonte desses perigos, e o primeiro ato sexual com a mulher, como um perigo especialmente intenso.

Creio, agora, que iremos obter algum esclarecimento sobre qual é esse perigo intensificado e por que ele ameaça justamente o futuro marido, se examinarmos mais detidamente a conduta das mulheres que vivem em nosso atual estágio cultural, sob as mesmas circunstâncias. Antecipo, como resultado desta investigação, que realmente existe um perigo como esse, de modo que o primitivo se defende, com o tabu da virgindade, contra um perigo corretamente pressentido, mesmo que psíquico.

Consideramos como reação normal que a mulher, após o coito, no ápice da satisfação, abrace o homem, pressionando-o contra si, e vemos aí uma expressão de sua gratidão e uma promessa de sujeição duradoura. Sabemos, porém, não ser a regra, que também a primeira relação teria essa conduta como consequência; muitas vezes ela significa apenas desapontamento para a mulher, que permanece fria e insatisfeita, e necessita normalmente de um tempo mais longo e frequente repetição do ato sexual, até que neste aconteça a satisfação também para a mulher. Desses casos de frigidez apenas inicial e logo passageira, uma série contínua leva até o desagradável resultado de uma frigidez permanente, que não é superada por nenhum empenho terno do marido. Creio que essa frigidez da mulher ainda não foi suficientemente entendida e exige esclarecimento – salvo aqueles casos que devem ser atribuídos à potência insuficiente do homem –, se possível, através dos fenômenos a ela ligados.

Não quero recorrer aqui às tão frequentes tentativas de compreender a fuga anterior à primeira relação sexual, porque elas têm diversos sentidos e precisam ser compreendidas, em primeira linha, senão na totalidade, como expressão do comum anseio de defesa feminino. Em oposição a isso, acredito que certos casos patológicos iluminam o enigma da frigidez feminina, nos quais a mulher, após a primeira, e após cada nova relação, expressa abertamente sua hostilidade contra o homem, insultando-o, levantando sua mão contra ele ou batendo-lhe de fato. Num notável caso desse tipo, que me foi possível analisar a fundo, isso aconteceu, apesar de a mulher amar muito o marido, de costumar ela mesma exigir o coito e de nele encontrar, sem dúvida, alta satisfação. Penso que essa estranha reação contrária é o resultado das mesmas moções que comumente só podem expressar-se como frigidez, isto é, são capazes de deter a reação carinhosa, sem conseguirem se sobressair elas próprias. No caso patológico, por assim dizer, está dividido em seus dois componentes aquilo que na frigidez, muito mais frequente, une-se para produzir um efeito inibidor, bem semelhante aos chamados sintomas "difásicos" da neurose obsessiva, que há muito tempo reconhecemos. O perigo, que assim será despertado pela defloração da mulher, consistiria em atrair para si a sua hostilidade, e justamente seu futuro marido teria todas as razões para evitar uma inimizade como essa.

A análise nos permite intuir com facilidade quais moções da mulher fazem parte da realização dessa conduta paradoxal, na qual espero encontrar o esclarecimento para a frigidez. O primeiro coito mobiliza uma série dessas moções, as quais são inutilizáveis para a desejada posição feminina, das quais algumas não precisam também se repetir nas relações posteriores. Em primeira linha, pensamos na dor que é infligida à virgem durante a defloração, e talvez estejamos inclinados a considerar esse fator como decisivo e nos abster da procura de outros. Mas não podemos bem atribuir à dor uma importância como essa, e precisamos muito mais colocar em seu lugar a ofensa [*Kränkung*] narcísica, que nasce da destruição de um órgão, que encontra uma representação racional no próprio saber sobre a diminuição do valor sexual da deflorada. Mas os costumes do casamento dos primitivos contêm uma advertência contra essa supervalorização. Soubemos que, em alguns casos, o cerimonial é realizado em dois tempos; após a execução do rompimento do hímen (com a mão ou com um instrumento), segue um coito oficial ou uma relação simulada com os representantes do marido, e isso nos prova que o sentido da prescrição do tabu por meio da evitação da defloração anatômica não foi realizado, que ao marido deve ser poupada alguma coisa a mais do que a reação da mulher à dolorosa lesão.

Como outra razão para a decepção do primeiro coito, achamos que nele, ao menos para a mulher civilizada, a expectativa e a realização não podem coincidir. A relação sexual esteve até agora intensamente associada à proibição, e por isso mesmo a relação legal e permitida não será sentida como a mesma coisa. O quanto essa conexão pode ser íntima é esclarecido, de maneira quase cômica, pelo anseio de tantas noivas de manter em segredo, de todos os estranhos e mesmo dos pais, as novas relações amorosas, quando, para isso, não existe nenhuma necessidade efetiva e uma objeção não é esperada. As moças afirmam abertamente que, para elas, seu amor perde o valor quando outros ficam sabendo sobre ele. Ocasionalmente, esse motivo pode tornar-se sobrepujante e impedir absolutamente o desenvolvimento da capacidade de amar no casamento. A mulher só reencontra sua sensibilidade para a ternura em uma relação ilícita que possa se manter em segredo, a única em que ela está segura de sua própria vontade, livre de influências.

No entanto, também esse motivo não leva suficientemente ao fundo; além disso, ligado a condições culturais, ele nos faz perder uma boa relação com as condições dos primitivos. Muito mais importante é o próximo fator, que se baseia na história do desenvolvimento da libido. Aprendemos, pelos esforços da análise, o quão regulares e quão poderosas são as primeiras acomodações da libido. Nesse caso, trata-se de persistentes desejos sexuais da infância; na mulher, é quase sempre a fixação da libido no pai ou em um irmão substituto, desejos que, com bastante frequência, estavam dirigidos a coisas diferentes do coito ou que o incluíam apenas como uma meta não nitidamente reconhecida. O marido é, por assim dizer, sempre apenas um substituto, nunca é o homem certo; o primeiro direito à capacidade amorosa da esposa quem tem é um outro, em casos típicos, o pai; o marido tem, no máximo, o segundo. Só depende de quão intensa seja essa fixação e de quão obstinadamente ela esteja sendo mantida, para que o substituto seja rejeitado como insatisfatório. Assim, a frigidez se encontra entre as condições genéticas da neurose. Quanto mais poderoso for o elemento psíquico na vida sexual da mulher, maior capacidade de resistência mostrará sua distribuição de libido em relação ao abalo do primeiro ato sexual, e menos avassalador será o efeito de sua possessão corporal. A frigidez pode, então, estabelecer-se como inibição neurótica ou fornecer a base para o desenvolvimento de outras neuroses, e mesmo ligeiras diminuições da potência masculina poderão contribuir como auxiliares nesse caso.

O costume dos primitivos parece levar em conta o motivo do desejo sexual dos primeiros tempos, pois encarrega um homem mais velho, um sacerdote, um homem santo, portanto, um substituto do pai (ver acima), da defloração. Daqui, parece que um caminho direto leva ao muito debatido *Jus primae noctis* [direito à primeira noite] do senhor feudal da Idade Média. A. J. Storfer[14] sustentou a mesma concepção e, além disso, interpretou a difundida tradição das "bodas de Tobias" (o costume da abstinência nas primeiras três noites) como um reconhecimento dos privilégios dos patriarcas, tal como o fizera C. G. Jung,[15] antes dele. Isso só corresponde, então, à nossa expectativa se encontrarmos também, entre os substitutos do pai encarregados da defloração, a imagem dos deuses. Em algumas localidades da Índia, a recém-casada era obrigada a sacrificar o hímen ao *lingam* de madeira, e, segundo o relato de Santo Agostinho, na cerimônia de casamento romana (de sua época?) existia o mesmo costume, com a atenuação de que a noiva só tinha de se sentar sobre o gigantesco falo de pedra de Príapo.[16]

---

[14] Sobre a posição singular no assassinato do pai, 1911. [Zur Sonderstellung des Vatermordes] (*Schriften zur angewandten Seelenkunde*).

[15] A importância do pai para o destino de cada um, 1909 [Die Bedeutung des Vaters für das Schicksal des Einzelnen] (*Jahrbuch für Psychoanalyse*, I, 1909).

[16] *Ploss* e *Bartels*. *A mulher I*, XII [*Das Weib* I, XII] e *Dulaure: As divindades geradoras* [*Des Divinités génératrices*], Paris, 1885 (reimpresso pela edição de 1825), p. 142 e segs.

Outro motivo que, de modo comprovável, recorre a camadas mais profundas carrega a culpa principal da reação paradoxal contra o homem, e sua influência se expressa ainda, em minha opinião, na frigidez da mulher. Através do primeiro coito são ativadas na mulher outras antigas moções, além das descritas, que se opõem absolutamente à função e ao papel femininos.

Sabemos, pela análise de muitas mulheres neuróticas, que muito cedo elas passam por um estágio no qual invejam no irmão o signo da masculinidade e, por causa de sua falta (na verdade, sua redução), sentem-se prejudicadas e preteridas. Nós inserimos essa "inveja do pênis" no "complexo de castração". Se compreendemos "masculino" como o querer-ser-masculino, então a designação "protesto masculino" adéqua-se a essa conduta, cunhada por Alfred Adler, para proclamar esse fator como o responsável pela neurose em geral. Nessa fase, as meninas geralmente não fazem segredo sobre sua inveja e sobre a hostilidade daí derivada contra o irmão favorecido: elas também tentam urinar em pé como o irmão, para representar sua suposta igualdade de direitos. No caso já mencionado de agressão incontida contra o marido após o coito, a quem, apesar disso, ela amava, pude constatar que essa fase existia antes da escolha de objeto. Só mais tarde é que a libido da menininha se voltou para o pai, e então desejou para si, em vez do pênis – um filho.[17]

Eu não ficaria surpreso se, em outros casos, a ordem dessas moções se encontrasse invertida e se essa porção do complexo de castração só produzisse efeito depois de a escolha de objeto

---

[17] Ver "*As transformações da pulsão, particularmente do erotismo anal*" [Über Triebumsetzungen insbesondere der Analerotik]. Intern. Zeitschr. für Psychoanalyse, 1916/17, [*Gesammelte Werke*, X].

ter sido bem-sucedida. Mas a fase masculina da mulher, na qual ela inveja o pênis do menino, é, de qualquer maneira, a que mais cedo ocorre na história do desenvolvimento e está mais próxima do narcisismo originário do que do amor de objeto.

Há algum tempo, o acaso deu-me a oportunidade de entender o sonho de uma recém-casada que podia ser reconhecido como reação à sua desvirginização. Ele delatava, sem coerção, o desejo da mulher de castrar o jovem esposo e de guardar para si o seu pênis. Por certo também havia espaço para a interpretação mais inofensiva, de que teria desejado o prolongamento e a repetição do ato, no entanto, alguns pormenores do sonho contrariavam esse significado, e tanto o caráter como a conduta posterior da sonhadora testemunhavam a favor da concepção mais séria. Por trás dessa inveja do pênis, agora vem à luz a amargura hostil da mulher contra o homem, nunca totalmente ausente nas relações entre os sexos, e da qual existem os mais claros indícios nos esforços e nas produções literárias das "emancipadas". Essa hostilidade da mulher Ferenczi reconduz – não sei se ele foi o primeiro –, em uma especulação paleobiológica, a uma época da diferenciação dos sexos. No início, diz ele, a cópula acontecia entre dois indivíduos semelhantes, dos quais, no entanto, um desenvolveu-se como mais forte e forçou o mais fraco a tolerar a união sexual. A amargura por essa sujeição persistiria ainda na disposição atual da mulher. Considero irrepreensível servir-me dessas especulações, desde que evitemos supervalorizá-las.

Após essa enumeração dos motivos para a continuada reação paradoxal da mulher à defloração, perceptível na frigidez, podemos resumidamente enunciar que a *sexualidade* inacabada da mulher se descarrega no homem que primeiro a faz conhecer o ato sexual. Assim sendo, o tabu da virgindade é bastante razoável, e compreendemos o preceito de que quem precisa evitar esses perigos é justamente o homem que vai ingressar numa convivência duradoura com essa mulher. Nos estágios culturais mais elevados a estimativa desse perigo da promessa de sujeição e certamente também de outros motivos e atrações foi recuada [*zurückgetreten*]; a virgindade é considerada uma posse à qual o homem não deve renunciar. Mas a análise das perturbações conjugais ensina que os motivos que podem levar a mulher a se vingar de sua defloração também não estão completamente extintos na vida psíquica da mulher civilizada. Creio que deva chamar a atenção do observador o fato de que, em um número quase que extraordinariamente elevado de casos, a mulher permanece frígida e se sente infeliz num primeiro casamento, ao passo que, após a dissolução desse casamento ela se torna uma mulher carinhosa e capaz de fazer feliz seu segundo marido. A reação arcaica esgotou-se, por assim dizer, no primeiro objeto.

Contudo, no mais, o tabu da virgindade também não se extinguiu em nossa vida civilizada [*Kulturleben*]. A alma popular o conhece, e os grandes autores se serviram desse material ocasionalmente. Anzengruber[18] apresenta, em uma comédia, um camponês simplório que deixa de se casar com a noiva prometida, porque ela é uma "vagabunda que custará a vida do primeiro". Por isso ele concorda que se case com outro e vai aceitá-la, então, como viúva, quando ela não for mais perigosa. O título da peça: *O veneno da virgem* [*Das Jungferngift*] nos lembra que encantadores de serpentes deixam que primeiro a cobra venenosa morda uma toalhinha, para depois manejarem-na sem perigo.[19]

---

[18] Ludwig Anzengruber (1839-1889). Dramaturgo vienense. (N.R.)

[19] Uma novela magistralmente rara de Arthur Schnitzler (*O destino do Barão de Leisenbogh*) [*Das Schicksal des Freiherrn von Leisenbogh*]

O tabu da virgindade e uma parte de sua motivação encontraram sua mais poderosa representação em uma figura dramática conhecida, a Judite, na tragédia *Judite e Holofernes*, de Hebbel.[20] Judite é uma daquelas mulheres cuja virgindade está protegida por um tabu. Seu primeiro marido foi paralisado, na noite de núpcias, por uma misteriosa angústia [*Angst*] e nunca mais se atreveu a tocá-la. "Minha beleza é a da beladona", diz ela; "Sua fruição [*Genuss*] traz loucura e morte". Quando o general assírio sitia a sua cidade, ela engendra o plano de seduzi-lo com sua beleza e de acabar com ele, utilizando assim um motivo patriótico para encobrir um de ordem sexual. Após a defloração pelo homem violento, que se gaba de seu poder e impiedade, ela encontra em sua indignação a força para lhe cortar a cabeça, e assim se torna a libertadora de seu povo. A decapitação nos é bem conhecida como substituto simbólico do castrar; por isso, Judite é a mulher que castra o homem por quem foi deflorada, tal como o queria também o sonho da recém-casada relatado por mim. Hebbel sexualizou, com clara intencionalidade, o relato patriótico do Apócrifo do Velho Testamento, pois lá Judite pode vangloriar-se, após seu retorno, de não ter

---

merece ser aqui incluída, apesar de se desviar do contexto. O amante de uma atriz muito experiente no amor sofreu um acidente. De certo modo, ele cria uma nova virgindade para ela, rogando uma praga de morte sobre o homem que primeiro a possuir depois dele. Durante algum tempo, a mulher com esse tabu sobre si não se arrisca a nenhuma aventura amorosa. No entanto, depois de se apaixonar por um cantor, encontra a solução de primeiro conceder uma noite ao Barão de Leisenbogh, que a vem perseguindo há anos, sem sucesso. E a maldição recai sobre ele: sofre um ataque logo que fica sabendo do motivo de sua inesperada sorte no amor.

[20] Friedrich Hebbel (1813-1863). Dramaturgo alemão. (N.R.)

sido maculada, e também falta no texto da Bíblia qualquer menção a sua estranha noite de núpcias. Mas talvez, com sua fina sensibilidade de poeta, ele tenha percebido o motivo arcaico que havia se perdido naquele relato tendencioso e tenha apenas restituído ao material seu conteúdo anterior.

Isidor Sadger, em uma excelente análise, pontuou como Hebbel, em sua escolha do material, foi determinado por seu próprio complexo parental, e como, na luta entre os sexos, ele chegou tão sistematicamente a tomar o partido da mulher e a se colocar no lugar de suas mais recônditas moções psíquicas.[21] Ele também cita os motivos que o próprio poeta forneceu para a alteração do material e a considera, com razão, artificial, e como que destinada a justificar apenas exteriormente e, no fundo, a esconder algo que era inconsciente ao poeta. Não quero contestar a explicação de Sadger sobre por que, segundo o relato bíblico, a Judite que enviuvou teve de se tornar a viúva virgem. Ele menciona a intenção da fantasia infantil de negar o conhecimento [*verleugnen*[22]] da relação sexual dos pais e de fazer da mãe uma virgem intocada. Mas eu continuo: depois de o poeta estabelecer a virgindade de sua heroína, sua sensível fantasia permaneceu na reação hostil que é desencadeada pelo ferimento da virgindade.[23]

---

[21] Da patografia à psicografia [Von der Pathographie zur Psychographie]. *Imago*, I., 1912.

[22] O verbo alemão verleugnen tem o sentido de "desmentir" ou "recusar" uma informação à qual se teve acesso. A Verleugnung, substantivo derivado desse verbo, está diretamente ligada ao mecanismo de negação das perversões, ao lado da Verwerfung (rejeição), para as psicoses, e da Verdrängung (recalque), para as neuroses. (N.R.)

[23] Freud trabalha o tema da maneira como o poeta lida com a fantasia em seu "O poeta e o fantasiar", publicado na coleção Obras Incompletas de Sigmund Freud no volume *Arte, literatura e os artistas*. (N.E.)

Portanto, podemos dizer, concluindo: a defloração não tem apenas uma consequência cultural de atar, de maneira duradoura, a mulher ao homem; ela também desata, contra o homem, uma reação arcaica de hostilidade que pode assumir formas patológicas, exteriorizando-se com bastante frequência no aparecimento de inibições na vida amorosa do casal, e às quais podemos atribuir o fato de que segundos casamentos tantas vezes dão mais certo que os primeiros. O estranho tabu da virgindade, o horror com que, entre os primitivos, o marido evita a defloração, encontram nessa reação hostil sua completa justificativa.

Mas é interessante que, como analistas, possamos encontrar mulheres nas quais ambas as reações opostas de sujeição e hostilidade encontraram expressão e permaneceram em íntima conexão recíproca. Há certas mulheres que parecem totalmente em desacordo com seus maridos e que, mesmo assim, só conseguem fazer vãos esforços para deles se separar. Todas as vezes que tentam endereçar seu amor a um outro homem intervém a imagem do primeiro, mesmo que não mais amado, como inibidora. A análise ensina, então, que essas mulheres, de fato, ainda dependem da sujeição ao seu primeiro marido, mas não mais por ternura. Não se liberam deles porque não completaram sua vingança contra eles e, em casos mais acentuados, nem sequer tomaram consciência da sua moção vingativa.

Este livro foi composto com tipografia Adobe Garamond Pro e
impresso em papel Off-White 70 g/m² na Formato Artes Gráficas.